Der kleine
Südafrika
Verführer

Ich glaube fest daran, dass Südafrika der schönste Ort auf Erden ist.

Nelson Mandela

BRUCKMANN

Roland F. Karl • Dirk Bleyer

Der kleine
Südafrika
Verführer

Impressionen vom Kap
der Guten Hoffnung

BRUCKMANN

Inhalt

es in der Großen Karoo eiskalt wird und der Himmel so klar, dass sich Sternegucker aus aller Welt versammeln. Nach so viel Kargheit dürstet es einen nach Wasser – die Augrabies Falls bieten eine willkommene Abkühlung. Und wer Farben sehen möchte, kommt in den Zederbergen auf seine Kosten: Blütenteppiche, so weit das Auge reicht …

Das Leben pulsiert in Jo'burg, doch auch die Schwesterstadt Pretoria hat einiges zu bieten: Hier kann man Geschichte atmen. Einen krassen Kontrast dazu bietet das außerirdisch anmutende »Sun City«, das afrikanische Las Vegas. Absolutes Highlight einer Südafrika-Reise ist aber wohl unumstritten der Kruger National Park mit den berühmten Big Five und jeder Menge anderer spannender Fauna und Flora.

Durban rangiert mit 4 Millionen Einwohnern an dritter Stelle der südafrikanischen Ballungsräume. Zugleich beginnt hier eine Küste von unglaublicher, naturbelassener Schönheit. Das ursprüngliche Afrika lässt sich im Land der Zulu und natürlich in Swaziland erleben.

Das Wahrzeichen Kapstadts, der
Tafelberg, ist 430 Millionen Jahre alt.
Dieses Foto entstand im Abendlicht
vom Bloubergstrand aus.

Das schönste Ende der Welt erleben

Sawubona – ein herzliches Willkommen!

Die Heimat Nelson Mandelas ist bunt und vielschichtig: mit quirligen Metropolen und offenherzigen Menschen, mit Landschaften von überwältigender Schönheit und saftigen Obstplantagen neben vor Hitze flirrenden Wüsten. Auch exotische Lagunen und traumhafte Buchten mit ankernden Jachten sowie rotweiß gekringelte Leuchttürme fehlen nicht. Die Vielfalt ist es, die das Land am Kap zum »schönsten Ende der Welt« macht: hier die atemberaubende Bergwelt am Blyde River Canyon, dort Glamour, Kunst und Kultur in Jo'burg, Südafrikas Mega-Kapitale. Um sich auf die berauschenden Kontraste einlassen zu können, braucht es zunächst ein wenig Geschichte.

Kaum jemand erzählt die Besiedlungsgeschichte des Landes so spannend wie James A. Michener in seinem Epos »Verheißene Erde«, das im 15. Jahrhundert beginnt, als Vasco da Gama und Bartolomeu Diaz um die strömungsreichen Kap-Felsen navigierten. Anfang des 16. Jahrhunderts besuchte ihr portugiesischer Landsmann Antonio de Saldanha das »Kap der Stürme«, ankerte in der Tafelbucht und wurde beim Anblick des Tafelbergs so neugierig, dass er als erster Europäer den monumentalen Sandsteinklotz bestieg. 1577 äußerte sich der englische Admiral Sir Francis Drake begeistert über das Kap, 1605 ankerten bereits Schiffe der »Vereenigde Oostindische Compagnie« in der Bucht.

Die erste Glühbirne brennt

Aber erst 1652 ging es richtig los, als der Holländer Jan van Riebeeck mit dem Auftrag eintraf, eine Versorgungsstation für Schiffe anzulegen, denn die von Skorbut geplagten Seeleute brauchten auf dem Weg nach Indien

Links: Wildlife-Szenen im Kruger Park mit Zebras –
Rechts: Nur was für Schwindelfreie: Hängebrücke im Tsitsikamma-National Park

und Batavia in Indonesien dringend vitaminhaltiges Obst und Gemüse, damit ihnen die gesunden Zähne nicht aus dem faulenden Zahnfleisch fielen. Und natürlich Fleisch, frisches Trinkwasser, Wein, Weib und Gesang. Darum brachte man Sklaven aus Indien, Südostasien und Afrika hierher, ja sogar weibliche Waisen aus Holland, um die hellhäutige Population vorwärts zu bringen. Auch die ersten Weinreben gelangten so ins Land. Zum Glück kamen auch ein paar Hugenotten mit, religiös verfolgte Protestanten aus Frankreich, die wussten, wie mit Trauben umzugehen war. Schnell wurde so aus der provisorischen Station eine richtige europäisch-holländische Siedlung, die den auf allen Weltmeeren segelnden Engländern gefiel: 1795 besetzten sie Kapstadt, das zur britischen Kolonie erklärt wurde, und knapp 100 Jahre später brannte die erste elektrische Glühbirne – früher als mancherorts in Europa.

Holländische Buren als Gründer der Kap-Kolonie und jetzt britische Befehlshaber, das konnte nicht gutgehen. Und wirklich, in den 1830er-Jahren machten sich die ersten Burentrecks mit Ochsenwagen auf der Suche nach neuen Siedlungsgebieten von der Küste ins Innere Südafrikas

auf. Wer mit dem Zug von Kapstadt nach Johannesburg fährt, kann sich ein Bild davon machen,
was die Pioniere beim Überqueren jenseits der
Küstengebirge zu sehen bekamen. Die moderne
Bahnlinie durchquert zunächst das weitläufigste
Ökosystem des Landes, die Große Karoo, und
der Reisende bekommt gleich einen Vorge-
schmack auf die Wüste. Damit dieser erhalten
bleibt, zeigt sich beim Aufstieg auf das bis zu
900 Meter hohe Karoo-Plateau die Kap-Landschaft noch

einmal von ihrer lieblichsten Seite: Nicht weit von den Weinorten
Stellenbosch, Franschhoek und Paarl entfernt gibt sich das historische
Worcester mit seinen 1820 gegründeten Kooperatieve-Wijnbouwers-
Vereniging-Kellern als letzter Vorposten der Reben, bevor es über den
Hex River Pass ganz hinaufgeht. Hier oben erstreckt sich eine schier
endlos scheinende, steinwüstenähnliche Landschaft mit äußerst spär-
licher Vegetation, eine Landschaft, die fast ein Drittel der Gesamtfläche
Südafrikas ausmacht und im Norden in die riesige Kalahari übergeht.
Temperaturunterschiede und geringe Niederschläge haben auf den weitläufigen Hochebenen einzigartige Landschaftsbilder zustande gebracht,
aus denen sich die typischen kleinen Tafelberg-Brüder, die »Koppies«,
erheben. Schöne Landschaften ohne Wasser, Weiden und fruchtbaren
Boden für den Ackerbau muss die Ochsenwagenlenker zum Erschau-
dern gebracht haben. Und wieder lässt sich der Terminus der Vielfalt
bemühen, denn andersherum hinauf, von Kapstadt an der Westküste
entlang und bis nach Lambert's Bay, erstrecken sich Landschaften, die
an Schleswig-Holstein erinnern. Was für Kontraste!

Exotische Gaumenkitzler in Hülle und Fülle

Etwas weniger bekannt, aber mindestens ebenso aufregend wie seine
Landschaften ist Südafrikas exzellente Cuisine. Beim Ausprobieren
muss es sich ja nicht unbedingt um Gerichte handeln, die im Land

Links: Wildlife-Szenen im Mountain Zebra National Park mit Gnus –
Rechts: Ein Sonnenuntergang im Greater St. Lucia Wetland Park in KwaZulu-Natal

als rustikale Spezialitäten gelten, beispielsweise Schafsköpfe, gebratene Raupen oder Steaks vom Krokodil (wobei Letzteres so zart schmeckt wie Hühnchen). Aber wie wäre es mit Carpaccio vom Strauß, Ochsenschwanzravioli, Kudu-Gulasch, Impala- oder Warzenschweinsteaks? Die südafrikanische Küche generiert eine unüberschaubare Vielfalt, die Chinesen, Malaien und Inder, Marokkaner, Portugiesen, Franzosen, Japaner, Brasilianer, Schweizer, Kongolesen und viele Kochwütige anderer Nationen an diesem kulinarischen Kulminationspunkt zusammengetragen haben. Kapstadt wartet hier natürlich hauptsächlich mit fangfrischem Seafood auf, mit Hummer, Kabeljau, Butterfisch und Muscheln, während Durban exotische Genüsse indischen Zuschnitts darbietet und Johannesburg sich noch am afrikanischsten verhält.

Dafür, dass es sich um prinzipiell Schmackhaftes handelt, verbürgt sich wiederum die Geschichte, schließlich wurde der Grundstein der »Rainbow Nation« am Kap gelegt: Kapstadt und alles andere hier entstand als Schiffsversorgungsstation europäischer Seefahrer, die aus Indien und Asien kommend das Kap der Guten Hoffnung umsegeln mussten und in der Tafelbucht ankerten, um frisches Gemüse, Trinkwasser und Fleisch für die lange Heimreise nach Europa an Bord zu bringen. Die damaligen Highlights der Schiffsladungen waren die Gewürze, die daheim begierig erwartet wurden, und die Schiffsköche hatten viel Zeit, um damit in Ruhe zu experimentieren und in Kapstadts Tafelbucht ihre Erfahrungen mit Kollegen auszutauschen.

Südafrikanischer Wein – eine Erfolgsgeschichte

Die Vielfalt ist also Südafrikas sehr spezielle Erfindung von Anbeginn seiner Geschichte, und die ist bis heute in allen gesellschaftlichen Bereichen präsent: Auf der Liste der unglaublichen Kontraste in diesem Land stehen Hautfarben in allen Schattierungen, vibrierende Metropolen mit völlig unterschiedlichen Charakteren, traditionsreiche Kulturen, ein

Im Mapungubwe National Park bietet Südafrika Natur pur: Links: Baobabs (Affenbrotbäume – Rechts: Mopane- und Auenwälder prägen die Landschaft.

Sprachengemisch schier unvorstellbaren Ausmaßes und natürlich die Weine, die am Fuße der Hottentotsholland Mountain Range gedeihen, wo die Rebstöcke sauber in Reih und Glied gesteckt sind, so weit das Auge reicht! Dort leuchten zwischen den Weinbergen kapholländische Gutshäuser im milden Sonnenschein, echt friesisch mit Sprossenfenstern, Reetdächern und rustikalen Holzbalkendecken, so wie es die burischen Siedler von ihrer Heimat Holland her kannten. Wobei solcherlei süße Landschaftsromantik nicht darüber hinwegtäuschen sollte, dass der Weinanbau in Südafrika ein nach modernsten Gesichtspunkten geführter Wirtschaftssektor ist, dessen Produkte sich auf dem internationalen Markt behaupten müssen. Auf über 100 000 Hektar Anbaufläche werden am Kap von zahlreichen Kleinbauern, Kooperativen und Großweingütern rund 3000 verschiedene Weine produziert. Die Lese beginnt Anfang Januar, der Ernteertrag liegt mit durchschnittlich 10 Millionen Hektolitern so hoch wie der bundesdeutsche. Zu den beliebtesten Rebsorten zählen Sauvignon Blanc, Chenin Blanc, Chardonnay, Colombar und Cabernet Sauvignon.

Der Sound Südafrikas – wie alles begann

Und die Musik? Südafrikas Klänge sind natürlich auch überaus vielfältig. Seit frühen Kolonialzeiten haben sie sich aus lokalen Erscheinungsformen zusammengemischt und dabei begierig Elemente aufgenommen, die mit den Einwanderern aus Übersee und aus anderen afrikanischen Ländern ans Kap kamen. Während der Apartheid gaben offiziell westlich orientierte Musikrichtungen den Ton an, aber für schwarzafrikanische Musiker waren die Klänge der Xhosa und der Zulu nicht fortzudenken, ebensowenig wie die traditionellen Stammesgesänge. Spielerisch ließen sich solche Elemente mit allem vermischen, was sich nach Rhythmus und Musik anhörte: mit Fragmenten aus religiösen Hymnen und Chorälen, mit Jazz, Rock, Blues und Pop, wobei es Afrikaner sowieso spielend schaffen, Körper und Seele zum Schwingen zu bringen – mit nur einer Trommel. Oder sogar a capella, ganz ohne Instrumente.

Wegen der Rassentrennung entwickelte sich die schwarze südafrikanische Musik im Untergrund weiter, vor allem aber im Exil. Wer kennt sie nicht, südafrikanische Stars wie die Sängerin Miriam Makeba (»Mo-

ther Africa«), den Trompeter Hugh
Masekela oder den Pianisten »Dollar
Brand« Abdullah Ibrahim? Diejeni-
gen, die trotz Apartheid weiterhin
vor Ort die Stellung hielten, spiel-
ten ihren Cape Jazz eben hinter dem
Vorhang, während ihre weißen Kollegen auf der Bühne standen – es
war verboten, gemischtrassig aufzutreten.

Natürlich mussten unter solchen Umständen Musik wie Literatur zur
politischen Brechstange werden. Paul Simon war mit seinem Graceland-
Projekt, das der Welt den Reichtum der afrikanischen Klangwelt auf
moderne Weise nahe brachte und dabei demonstrativ schwarze Süd-
afrikaner wie Ladysmith Black Mambazo präsentierte, am neuen Auf-
bruch nicht unbeteiligt. Bald verbreiteten auch Radiostationen an den
Universitäten den gemeinsamen musikalischen Protest aller Rassen;
Johnny Clegg, der weiße Zulu, ein Meister im Verschmelzen westlicher
und schwarzafrikanischer Musik, gründete schon während der Rassentrennung Bands mit weißen und schwarzen Musikern und half so,
eine multikulturelle Musikszene zu prägen. Südafrikanische Musicals
wie »Sarafina«, »Township Fever« und »Maria Maria« von Mbongeni
Ngema entlockten den Zuschauern in Amerika und Europa ekstatischen
Beifall. Erstgenanntes war sogar ein Jahr lang am Broadway und wurde
anschließend mit Whoopi Goldberg verfilmt.

Der Beginn der musikalischen Freiheit

Nach dem Ende des Kulturboykotts Anfang der 1990er-Jahre konnten sich die Klang- und Rhythmusbesessenen aller Hautfarben endlich
gemeinsam austoben, und der gewaltige Fundus an Talenten und Ideen,
der sich unter dem Deckmantel der Apartheid angesammelt hatte,
explodierte. Jetzt brachten die zurückkehrenden Musikerkollegen ihre
spezifischen Erfahrungen ein, und im Schlepptau der berühmt gewor-

*Links: Rundhütten an der Wild Coast – Rechts: Szenen wie diese aus dem Film
»Shakazulu« sind im Freilichtmuseum Shakaland nahe Eshowe zu erleben.*

denen Exilanten kamen westliche Iko-
nen wie Michael Jackson, U2 und Tina
Turner zu Konzerten ans Kap, was die
heimische Szene im großen Stil auf die
internationale musikalische Landkarte
brachte.

In gewisser Weise war die politische
Unterdrückung für die Entwicklung
der Musik ein Geschenk des Himmels,
das den südafrikanischen Klängen heute ihren unverwechselbaren
Charakter beschert hat. Kaum verwunderlich also, dass sich das Label
»made in South Africa« nach dem Ende der Apartheid rasant in der
internationalen Musikszene etabliert hat. Für Musikliebhaber ist das
Südafrika der Gegenwart eine Schatzkiste: Vom Township Groove bis
zur traditionellen afrikanischen Musik reicht die Palette, vom Jazz über
Ethnopop bis hin zu Klassik. Marimba oder Rohrflötenmusik, Kwela
oder Township-Jive, selbst Symphonie, Oper und Kammermusik aus
Südafrika gelten heute als Belege einer großartigen musikalischen Breite,
die nicht sinnfälliger zum Ausdruck gebracht werden kann als durch das
Soweto String Quartet, das große Erfolge verzeichnet.

Bei all diesen musikalischen Erscheinungsformen ist Südafrika aber
vor allem eine Welt des Jazz, und zweifelsfrei gehört Kapstadt zu den
bedeutendsten Jazz-Zentren des Schwarzen Kontinents. Von hier aus
emigrierten Koryphäen wie Abdulla Ibrahim ins Ausland und das größte
Jazzevent des Landes, das Cape Town International Jazz Festival, findet
alljährlich im Februar statt und zieht Enthusiasten aus Afrika und aller
Welt an. Kapstadts zahllose Jazz-Kneipen, wie »Blue Note«, »Kennedy's«
oder »The Drive«, sprechen für sich.

Wilde Tiere – die Stars in der Manege

Südafrika ohne Musik? Wäre denkbar. Auch mit Fast Food und Limo-
nade statt hervorragender Weine. Nicht aber vorstellbar wäre dieses

Links: Über 4 Millionen Menschen leben im Township Soweto nahe Johannesburg. –
Rechts: Die Kinder im Township beschäftigen sich gerne mit Fußball und Graffiti.

Land ohne seine wilden Tiere, die zahllosen »Exoten«, die staatliche Nationalparks und private Wildschutzgebiete zu Highlights für Safari-Touristen aus aller Welt machen.

Die Existenz des Kruger National Park, der wohl berühmtesten »Arche Noah« der Welt, ist seinem Namensspender Paul Kruger zu verdanken, der als Präsident der Suid-Afrikaanse Republiek schon 1884 vom Volksraad verlangte, für die immer weniger werdenden Wildtiere streng überwachte Schutzzonen zu schaffen. 14 Jahre später machte man zwischen dem Crocodile und dem Sabie River auf 4600 Quadratkilometer den Anfang, der im Krieg zwischen Engländern und Krugers Buren beinahe schon wieder untergegangen wäre, hätte nicht ein britischer Offizier namens Major James Stevenson-Hamilton das Kommando über den Tierpark übernommen. Der Major ging gnadenlos vor gegen marodierende Soldaten, wildernde Schwarze und Weiße, gierige Bergwerksgesellschaften und landhungrige Großfarmer, setzte sich erfolgreich durch und stellte frühzeitig die Weichen für das, was heute als eines der letzten großen Tierparadiese der Welt gilt.

Links: Flusspferde gehören nicht zu den Big Five. – Rechts: Brillenpinguine am Boulders Beach

Für Kinder und Jugendliche ist Süd-afrikas Tierwelt eine ganz besonders spannende Schatzkiste: Wie bauen Webervögel ihre Hängenester? Wie weit springen Löwen bei der Jagd? Das und noch viel mehr erfahren schon die Kleinsten bei einer der speziellen Kinder-Safaris, die mitt-

lerweile von vielen Lodges und Parks angeboten werden.

»Den haben sie einfach umgelegt«, ruft ein siebenjähriger Knirps aufge-regt, »der ist voll hinüber«. Ein stattlicher Stamm mit saftiger Blätter-krone liegt quer, geknickt wie ein Streichholz. Während Jan van Heteren am Steuer seines Landrovers eine vielköpfige Elefantenherde umkurvt, gibt's für seine kleinen Gäste einen Exkurs zum Game Management: »Die vermehren sich, weil sie keine Feinde haben. Inzwischen sind's schon ein paar Hundert«, erzählt er, »aber vertragen kann unser Reservat nur die Hälfte.« Wieso? »Na, weil die alles kahl fressen«, fällt ihm ein hellwacher, angehender Fährtenleser ins Wort, »die knicken die Bäume, wie den dort. Da bleibt für die anderen Tiere nichts.« Die Dickhäuter, manche 6 Tonnen schwer und mit bis zu 3 Meter langen Stoßzähnen, brauchen pro Tag 200 Liter Wasser und fressen bis zu 300 Kilogramm Grünzeug. Was aus den überzähligen Elefanten werden soll? Da hat auch der Kleine keine Idee.

Jan wird seinen Safari-Kids auf diesem Game Drive durch das Madikwe Game Reserve nordwestlich von Johannesburg noch die restlichen der »Big Five« zeigen, also Löwen, Büffel, Rhinozerosse und sogar einen Leoparden. »Jaci's war die erste Lodge Südafrikas, die Safaris für die Kleinen auf die Beine gestellt hat«, erzählt der Safari-Unternehmer mit der speziellen Idee, die auf dem kindlichen Erlebnishunger basiert und zur Erfolgsgeschichte wurde. Zur Eröffnung wurde das »Wildnis-&-Kinder«-Programm zunächst zu einem Medienereignis, dann zum durchschlagenden Erfolg. Ein auf Kids und Jugendliche aller Alters-stufen abgestimmtes Angebot bietet vom Dschungelabenteuer bis hin zum Fährtenleserkurs alles, was erzieherisch wertvoll und dabei spannend ist, wobei sich die aufregende Tier- und Pflanzenwelt ganz

nebenbei erklärt. Tierbeobachtungen werden bis zum Alter von sieben Jahren mit pädagogisch geschulten Führern unternommen, die während des »kiddies drive« speziell auf Interessen, Alter und Aufnahmefähigkeit der teilnehmenden Kinder und Jugendlichen eingehen. Besonders beliebt sind die Kurse im Spurenlesen, über die traditionellen Handwerkstechniken der Einheimischen und über das Leben im afrikanischen Busch. Geht es aktiv auf Pirsch, wird spielerisch vermittelt, wie viele Liter Wasser ein Elefant täglich durch den Rüssel saugt, warum Hippos zu den gefährlichsten Wildtieren zählen und welche Tierart als sechste im Bunde mit den »Big Five« das halbe Dutzend der afrikanischen Großwildtiere vollmacht: die Wale vor Kapstadts Küsten natürlich, die jedes Jahr aus den eiskalten antarktischen Gewässern zur Südspitze Afrikas ziehen, um in den wärmeren Gefilden dort ihren Nachwuchs zur Welt zu bringen. Auf den Fahrten können die Kleinen sehen, wie die bunten Webervögel kunstfertig ihre Hängenester bauen, und erfahren, was es tatsächlich mit den giftigen Schlangen auf sich hat und mit welcher Technik Löwinnen eine Antilope erjagen, während der zottelige König des südafrikanischen Dschungelbuchs faul im Schatten einer Akazie döst, bis ihm von seinen Damen die Mahlzeit fertig erlegt präsentiert wird.

Und wenn doch was passiert in der Wildnis? Jan lacht: »Die größte Gefahr ist das Kokeln mit Feuer. Wie es richtig funktioniert, kriegen die Kids hier als Allererstes beigebracht!« Es folgt eine Statistik über die Risiken durch Wildtiere, die weit hinter denen der Zivilisation zurückbleiben, und die Kinder bewegen sich sowieso völlig angstfrei. Zur Beruhigung besorgter Mütter und Väter parkt eine zweimotorige Cessna auf der Piste gleich nebenan, mit der es im Notfall von der Wildnis aus nur ein Katzensprung bis nach Johannesburg ist.

Von Löwen, Hippos und Schlangen

Doch nicht nur Jugendliche und Kinder, auch Erwachsene können sich dem Zauber der Wildnis kaum entziehen! Diesen Zauber erlebt

Links: Aus alt mach neu und aus Resten Spielzeug. – Rechts: Was Südafrika so faszinie-rend macht, sind vor allem die Menschen, die mit ihrer Art jeden Besucher bezaubern.

Jonathan jeden Tag: Er arbeitet als Game Driver in einem der privaten Game Reserves, das, drei Fahrstunden von Johannesburg entfernt, gut versteckt in der Wildnis liegt. Schon das koloniale Ambiente der ehemaligen Farm, erbaut 1907 inmitten einer bildschönen Savannenlandschaft, versprüht den historischen Charme alter Zeiten. Es ist später Nachmittag, die Sonne neigt sich zum Horizont, und er drängt, weil dies die beste Zeit für Tierbeobachtungen ist. Als er nach der Safari seinen offenen Landcruiser auf einen Hügel mit Aussicht hinaufsteuert, hüllt sich die Savanne in zarte Pastelltöne. Jonathan zaubert Gläser und eiskalten Champagner aus einer Kühlbox und lächelt mit einem Ausdruck ausgeglichener Ruhe im tiefschwarzen Gesicht. Wie sein Leben inmitten der Wildnis sei? Aufregend, antwortet der Vater von vier Kindern, der seit 40 Jahren im Wildreservat lebt, weil er immer noch das mache, was er damals am allerliebsten getan habe, als er ein kleiner Junge war, nämlich mit den wilden Tieren leben; vorsichtig reicht er die vollen Gläser an seine Safari-Gäste weiter: Er liebe die Savanne und ihre wilden Exoten, und hier sei er ganz nahe dran! Heute konnte er seinen Gästen neben

Zebras, Giraffen, Antilopen und Gnus auch noch Büffel, Löwen und Elefanten vorführen. Die Big Five, die »großen Fünf«, sagt Jonathan, trügen eine irreführende Bezeichnung – als gäbe es außer ihnen nur Wildhasen und Baumhörnchen! Er lacht. Für jene, die im dichten Busch zufällig vor eine Giraffe gerieten, würde das Adjektiv »groß« blitzschnell an Aussagekraft gewinnen: Der Kopf des blätterzupfenden Huftiers schwebt in einer Höhe von bis zu 6 Metern! Und was sei übrigens

mit Flusspferden, die ebenso aggressiv seien wie Büffel, dabei aber viermal so schwer? Und gerade die gemütlich auftretenden Hippos würden äußerst wachsam in ihrem Territorium herrschen und schon bei geringsten Anzeichen von Eindringlingen nervös reagieren. Wer nicht sofort verschwinde, werde gnadenlos attackiert. Das kann mehr als peinlich werden, wenn das Ziel eines solchen Angriffes in einem Boot sitzt, das nicht schnell genug fortkommt. Wer dabei herausfällt, kriegt eine schnaubende Tollwut und scharfe Hippopotamus-Reißzähne zu spüren. Allerdings sollten Geparden, die mit 100 Stundenkilometern noch schneller als Leoparden sind, schon zu den »Big Five« zählen und Krokodile erst recht. Schließlich würden Letztere bis zu 6 Meter lang, und seien noch gefräßiger als Löwen.

Mit Walen hat Jonathan hier draußen nichts im Sinn. Fort von hier, von seiner geliebten Savanne, war er noch nie, und schon gar nicht an der Küste. Dann folgt noch beiläufig ein Kapitel zu den südafrikanischen Reptilien. Zu den größeren zählen rund 3000 Krokodilarten, deren größte Vertreter bis zu 6 Metern lang werden und hier, im Busch, glücklicherweise nicht vertreten sind. Kleinere Reptilien sind kaum weniger erschreckend, und Schlangen finden sich in der südafrikanischen Wildnis zuhauf. 40 Arten der wechselwarmen Tiere sind im südlichen Afrika vertreten, unter ihnen richtig giftige, wie Kobras, Mam-

Links: Hyänen durchstreifen das graue Buschland. – Rechts: Webervogelnest an einem Telegrafenmast

bas und Vipern. Manche haben sich aufs Spucken spezialisiert, beispielsweise die gefährliche Spei-Kobra, und bringen ihr Gift, das schnell auf Nerven, Herz und Gewebe wirkt, aus maximal 2 Metern Entfernung sicher ins Ziel. Allerdings nur im Notfall: Die meisten dieser sehr scheuen Tiere flüchten, bevor es dazu kommt. Mit Ausnahme der Puffotter, die dafür warnende, merkwürdige Geräusche (engl. »puffs«) ausstößt, daher auch ihr Name. Die meisten Südafrikabesucher werden diese Spezies wohl nur in Schlangenparks zu Gesicht bekommen, was sicher niemand bedauert.

Wenngleich die Heimat der exotischen Vielfalt auf der Weltkarte nur ein kleiner Zipfel zwischen Atlantik, Pazifik und Indischem Ozean ist, so trägt dieser doch völlig zu Recht den Beinamen »schönstes Ende der Welt«. An seinen weißen, feinsandigen Stränden branden glasklare Wasser an, im Osten des Landes herrschen volle zwölf Monate im Jahr mehr als 29 Grad Celsius, und auch sonst findet sich allerlei Aufregendes zwischen den endlosen Küsten rings ums Kap: tropischer Regenwald, Steppen- und Wüstengebiete, blühende Hochebenen, berauschend grünende Flusslandschaften und maritime Paradiese, göttlich verteilt auf Tausende Kilometer.

Und zwischen alldem präsentiert sich die faszinierende afrikanische Tierwelt, als sei sie gerade erst der Arche Noah entstiegen: Nirgends lässt sich die Schöpfung besser erleben wie im weltberühmten Kruger Park, dem ältesten Tierreservat der Welt. Allein 26 Nationalparks, zahllose Game Reserves und sonstige Schutzgebiete sorgen für riesige Naturräume, in denen nicht nur die »Big Five« ungestört leben können, sondern sich auch an die 22 000 Pflanzenarten wohlfühlen.

Und dann sind da noch die königlichen Enklaven Swasiland und Lesotho, die mit einer prachtvollen Bergwelt und einem ganz besonderen Ambiente das i-Tüpfelchen auf einer Reise ans Kap sind. Südafrikas »Rainbow Nation« hat also wahrhaft beinahe alles zu bieten – selbst Skifahren im südafrikanischen Winter ist nicht unmöglich!

Links: Chamäleons wechseln die Farbe vornehmlich zur Kommunikation. –
Oben und unten: Oft kreuzen Elefanten oder Paviane die Straße.

Kapstadt und seine Perlen

Was als »das schönste Ende der Welt« gilt, taucht gerade sehr verschwommen aus dem Nieselregen auf. Es ist Juli in Südafrika, also Winter am Kap, und bei solchem Wetter bleibt die Drahtseilbahn geschlossen. Grandiose Ausblicke wären möglich, über die glitzernden Hochhausfassaden der City hinweg, deren gläserne Außenfahrstühle Kapstadts Traumpanorama bei Tag und bei Nacht auf- und abfahren, bis nach Robben Island hinüber. Aber für die Gruppe aus Deutschland verschwimmt zurzeit alles, was ein Panorama sein könnte. Weiß schäumend klatscht die Gischt anbrandender Wellenberge an die Promenade von Camps Bay, dem nobelsten aller feinen Strandvororte der Großstadt.

Kapstadt

Oben: Vorbild für die gut ausgebaute und moderne Waterfront war die Küste von San Francisco. – Mitte: Kapstadt im frühen Abendlicht zu fotografieren ist einfach und schwierig zugleich: Die Perle des Kaps braucht weder Schminke noch Verkleidung, sie ist immer nur eines: bildschön. – Unten: Nachts ist die Longstreet ein beliebter Treffpunkt.

Kapstadt und seine Perlen

Ein Traum vom guten Leben
Kapstadt – Tafelberg – Cape Flats – Cape Point – False Bay – Robben Island

Diana, die deutschsprachige Reiseführerin, bittet um Nachsicht: »Im Winter haben wir hier normalerweise viel blauen Himmel und über zwanzig Grad!« Gegen trübe Stimmung hilft der hiesige, bekanntermaßen köstliche Wein. Ein Paarl Laborie BIN H 12, Produced and Bottled in the Republic of South Africa, schafft Abhilfe.

Diana erzählt von den interessanten Sightseeing-Stopps, die wetterabhängig nicht stattfinden: Tafelberg, gestrichen. Aber der Ausblick von dort oben hört sich fantastisch an. Sowieso, lächelt die Lady aus Kapstadt tröstend, gebe es die beste Aussicht vom 350 Meter hohen Signal Hill, wenn der flutlichtbestrahlte Tafelberg hoch über dem urbanen Lichtermeer aus dem Dunkel auftauche. Mittags Punkt 12 Uhr, erzählt sie, gebe es nach alter Tradition einen Kanonenschuss, die »Noon Gun«, nach der die in der Bucht ankernden Seefahrer früher ihre Zeitmesser

stellten. Der ungewohnte Knall (die Kanone stammt aus dem 18. Jahrhundert) erschrecke häufig die Touristen, die noch über eine mögliche
Explosion spekulierten, wenn die Einheimischen schon gutgelaunt zur
Lunchpause eilen. Auch das geschilderte britisch-koloniale Ambiente
des altehrwürdigen Mount Nelson Hotels rückt mit den noch nachfol-
genden Sauvignon-Blanc-Flaschen in den Fokus, ebenso das Denkmal
Jan van Riebeecks, des Stadtgründers.

Dann führt Diana ihre Truppe, während draußen der Wind auffrischt
wie vor Sylt an der Nordsee, durch die prachtvollen Houses of Parliament in der Government Avenue. Alles im Geiste, versteht sich. In der
Wirklichkeit reicht es zumindest für ein verregnetes Stopover in Hout
Bay, dem Hauptquartier der Langustenfischerflotte, das mit seinen
bunten Trawlerbooten heute anmutet wie das norwegische Tromsø im
Sommer: Die nebelverhangene Hafenromantik wird von weißen Seemö-
wen durchkreuzt, ein paar Robben tummeln sich zwischen den Kuttern.

Links: Die Stadt bietet ein reiches Angebot an Möglichkeiten. – Rechts: Ein beliebter
Treffpunkt ist das restaurierte Hafenviertel Victoria & Alfred Waterfront in Kapstadt.

Kaum zu glauben, dass hier im Dezember nur schwer ein Parkplatz zu bekommen ist und die pittoreske Idylle, gerade beinahe menschenleer, von Besuchern förmlich überrannt wird.

Historische Architektur heute

Auch wenn 1798 eine Feuersbrunst den größten Teil der alten Hafenstadt am Kap niederwalzte, wird die städtebauliche Perle dank ihres historischen Erbes, ihrer Lage und der traumhaften Umgebung in einem Atemzug mit Sydney und San Francisco genannt. Nicht verbrannt ist damals Kapstadts ältestes Gebäude, die Wehrfestung Castle of Good Hope, heute ein imponierendes Zeugnis aus der Zeit der frühen Besiedlung. Hinter dicken Mauern dokumentieren großartige Ausstellungen Kapstadts Vergangenheit: die William Fehr Collection (Möbel, Gemälde, Porzellan, 17.–19. Jahrhundert), das Military Museum (alte Waffen und Uniformen) und die Good Hope Gallery mit zeitgenössischer südafrikanischer Kunst. Da in der Festung das Armeekommando der westlichen Kap-Provinz residiert, kann man dort täglich eine Wachablösung sehen,

fotogen präsentiert im historischen Soldaten-Outfit von damals.

Einen Katzensprung weiter erhebt sich vor der Kulisse des Tafelbergs Kapstadts City Hall in einem Mix aus Kolonialarchitektur und italienischer Renaissance (1905). Auf ihrem Vorplatz, der Grand Parade, wurde Nelson Mandela nach seiner Freilassung begeistert von der Bevölkerung empfangen. Eine Parallelstraße weiter besticht die Groote Kerk, das älteste erhaltene Gotteshaus des Landes, mit feinsakralem Interieur; die Kanzel schnitzte der deutsche Bildhauer Anton Anreith. Beim nächsten Kirchturm werden historische Bischofsgräber und prachtvolle Altäre von der südafrikanischen Neuzeit überholt: In der St. Georges Cathedral trat Erzbischof und Friedensnobelpreisträger Desmond Tutu mutig gegen Rassismus und Apartheid ein, als das noch gefährlich war. Bei einer historischen Entdeckungsreise stünden noch mindestens ein Dutzend Museen auf der Liste, beispielsweise das South African Museum, das Bertram House, das Jewish Museum, die South African National Gallery oder das Cultural History Museum. Danach würde es sich anbieten, im Stadtpark The Gardens, den einst Jan van Riebeeck als Pflanzplantage für Gemüse und Obst anlegen ließ, eine kleine Pause einzulegen in Gesellschaft von Cecil Rhodes, einem der an Geld und Einfluss reichsten weißen Afrikaner, der hier seit 1909 Kapstadts neuzeitliche Entwicklungen beobachtet – in Bronze.

Fotografiert werden muss auf jeden Fall das Old Town House (1755), das Präsidentenpalais De Tuynhys (1680) sowie die Houses of Parliament (1885). Wer die berühmteste Luxusherberge der Stadt, das legendäre Mount Nelson Hotel (1743), auslässt, hat die Komplexität Südafrikas noch nicht begriffen. Gleiches gilt für die Victoria & Alfred Waterfront: Der Publikumsmagnet rund um die beiden historischen Hafenbecken, benannt nach Prince Alfred und seiner Mutter Queen Victoria, präsentiert sich zu allen Tages- und Nachtzeiten lebendig.

Links: Das älteste Viertel der Stadt ist das Bo Kap. – Rechts: Das alte Rathaus ist immer noch ein Magnet für Architekturfreunde.

Shopping Malls, Restaurants, Bars, Geschäfte sowie ein- und auslaufende Boote und Dampfer machen die anspruchsvoll restaurierte Hafenanlage zu einer herausragenden Attraktion für die Einheimischen wie die Besucher, die laut Statistik mit ca. 20 Millionen Menschen pro Jahr hier vertreten sind.

Ein Erlebnis: Kapstadts Palmbeach

Von der Kulisse Camps Bay kann man sich nicht so leicht losreißen, die Atmosphäre ist chillig-entspannt. Nur das Bedienungspersonal flitzt, um die Kundschaft auf den brechend vollen Boulevard-Terrassen servicegerecht zu bedienen. Auch weil Downtown Kapstadt nur eine Viertelstunde entfernt ist, lässt sich hier ab dem frühen Nachmittag kaum ein Sitzplatz ergattern: In sanfter Brise mit Blick aufs Meer unter raschelnden Palmen in der Victoria Road den Tag ausklingen zu lassen, gehört zu den Erlebnissen, die diese Stadt zu einer der schönsten der Welt machen.

Plötzlich herrscht hellste Aufregung: Erst rennen Kellner aller Hautfarben über den Boulevard Richtung Strand, dann erheben sich neugierig ihre Gäste, bis ein Angestellter ruft: »Ein Wal! Ein Wal ist in unserer Bucht!« Schlagartig sind Hunderte Café- und Kneipentische verwaist und eine riesige Menschenmenge drängt sich auf Camps Bays weißem Sandstrand. Wenn der sonnige Nachmittag einem düster werdenden Zwielicht weicht und die Sonne langsam verschwindet, wird Camps Bay aber erst richtig magnetisch: Jenseits der Leuchtreklamen ragen die zackigen Ableger der Bergkette Twelve Apostles in den bläulich-schwarzen Himmel. Die Strandperle im Kunstlicht – fast noch schöner als in natura!

Tafelberg mit Ausblick

Wenigstens weht heute nicht der berüchtigte Cape Doctor, die strenge Brise aus Südost, die den Tafelberg ab und an in eine Wolkendecke hüllt. Zum Leidwesen der Touristen, aber zur Freude der Einwohner von Kapstadt: Der kräftige Southeaster bläst den Smog aus der Stadt, was ihm seinen therapeutisch angehauchten Spitznamen verschaffte.

Oben und unten: An der Victoria & Alfred Waterfront gibt es nichts, was es nicht gibt: Hier locken Flohmärkte, Shops und Straßentheater sowie Kunsthandwerk (linke Seite).

An einem stahlblauen Tag wie diesem hat der Tafelberg natürlich oberste Priorität. Sein Gipfel, als Wahrzeichen Kapstadts weltbekannt, liegt 1087 Meter über der See, die bei klaren Sichtverhältnissen tief unten wie ein Spiegel das Häusermeer der Cape Town Metropolitan Area umgibt. »Hoeri 'kwaggo«, »Meeresberg«, nannten die Khoi, die Ureinwohner des Kaps, diesen mächtigen, abgeflachten, 6000 Hektar großen Sandsteinfelsen, der wie ein gewaltiges Monument über der Stadt thront. Hinauf kommen Besucher entweder zu Fuß und haben dabei zahlreiche Routen zur Auswahl oder (schnell und bequem) mit der Drahtseilbahn. Die 1929 installierte Kabinenbahn dreht beim Auf und Ab ihre Made-in-Switzerland-Gondeln, sodass die Passagiere auch noch eine 360-Grad-Perspektive auf dieses schönste Ende der Welt erleben dürfen. Fast tausend Fahrgäste pro Stunde kann der Götterfahrstuhl so hinauf transportieren. Oben warten nicht nur gastronomische und souvenirtechnische Installationen sowie eine grenzenlose Aussicht, sondern auch Rundwanderwege durch die einzigartige Kap-Flora, die mit etwas Glück auch noch gerade in einem Blütenmeer explodiert.

Kapstadts andere Seite der Medaille

Wem Kapstadt auf die Dauer zu schön ist, der könnte eine Exkursion zu den Cape Flats unternehmen. Die Townships der schwarzen und farbigen Einwohner von Cape Town gehören nämlich auch mit dazu zum »schönsten Ende der Welt«.

Die Entwicklung der riesigen Ghettos der Schwarzen, deren Flagschiff Johannesburgs Soweto ist, geht auf die infame Siedlungspolitik des einstigen Apartheid-Regimes zurück. Die Afrikaaner-Elite von damals kreierte mitten im südafrikanischen Staatsgebiet nach Stämmen sortiert künstliche Gebilde, die Homelands, die sogenannten »Heimatländer«. Millionen Schwarze mussten sich in diese »Reservate« zwangsumsiedeln lassen, die zwar eigene Regierungsstrukturen hatten, aber vollkommen von der weißen Zentralregierung abhängig waren. Nun brauchte man Massenquartiere nahe der Großstädte und Industrieanlagen, damit die Schwarzen aus den Homelands während ihrer Arbeitseinsätze notdürftig untergebracht waren, womit der Grundstein für die heutigen Townships gelegt war.

Die Cape Flats von Kapstadt stehen Soweto in nichts nach. Zwar versuchen Regierungsprogramme, den Zustrom in die Großstädte, der massiv durch die rastlose Zuwanderung von Kriegs- und Armutsflüchtigen aus anderen afrikanischen Staaten verstärkt wird, wenigstens in geordnetere Bahnen zu lenken, und zwar durch die Erschließung neuer Townshipgebiete inklusive Parzellenvergabe mit Eigentumsrechten, Finanzierungshilfen, vorgefertigter Mini-Häuser, Sozial- und Krankenstationen sowie sanitärer Infrastruktur, jedoch mit bislang mageren Ergebnissen, wobei die Erwartungen der schwarzen Massen an eine nunmehr schwarze Regierung noch höher sind. Die aber sieht sich den sozialen Verwerfungen in den Townships hilflos ausgeliefert und verliert dort zunehmend ihr Wahlvolk.

Der Tafelberg bietet eine traumhafte Aussicht über die Stadt und Weitblick zu allen Seiten.

Dennoch hat sich manches verändert, zum Beispiel im schier endlosen, von Wellblechdächern geprägten Betonhäuserbrei Sowetos, wo längst auch bürgerliche und beinahe luxuriöse Wohngegenden wie in Orlando-West existieren. Touristische Programme aller Art machen Kneipenbesuche, Übernachtungen und die Teilnahme an Veranstaltungen möglich. Auf eigene Faust ist von derartigen Exkursionen allerdings dringend abzuraten: Townships sind und bleiben trotz aller positiv zu bewertenden Entwicklungen gefährliche Elendsviertel und No-Go-Gebiete für Touristen.

Cape Point und die Traumstraße am Kap

Der nächste Morgen ist sonnig und der Besuch am Cape Point ein Ereignis: 7000 Kilometer jenseits des Atlantiks liegt Südamerika. 10 000 Kilometer in die andere Richtung, im Pazifik, findet sich Australien. Und 5000 Kilometer geradeaus ist man in der Antarktis. Vom Kap-Felsen aus auf die größte zusammenhängende Wassermasse der Welt zu blicken, hier, wo die Ozeane sich treffen, das löst ergreifende Gefühle aus. Das herrliche Fotolicht begeistert hunderte Besucher aus aller Welt, die frühmorgens bereits mit der Zahnradbahn zur Aussichtsplattform hinaufgondeln. Ein Stück weiter ein Erinnerungsfoto mit Champagner an der Tafel mit der Aufschrift »Kaap die Goeie Hoop – Die Mees Suidwestelike Punt van die Vasteland van Afrika«, dem wohl meistfotografierten Schild der Welt. Aber wen könnte das wirklich interessieren, wenn man hier oben auf dem Cape Point, dem Kap-Felsen des Cape of Good Hope Nature Reserve, steht und aufgeregt auf die endlose, glitzernde Weite hinausblickt – in dem Bewusstsein, an der äußersten Südspitze des afrikanischen Kontinents zu stehen? Oder stimmt das etwa gar nicht? Tatsächlich, nur wenige Momente später und nach all diesen bewegenden Gefühlen entpuppt sich das Kap wie die False Bay nebenan als geografische Täuschung: Das Kap Agulhas, ein Stück die Südküste entlang, ist nämlich der wirklich südlichste Punkt Afrikas. Jedenfalls war der alte Leuchtturm hier oben für die Schiffe lange Zeit ein Segen. Auf dem 249 Meter hohen Cape Point Peak leuchteten seine

Links: Der Dassie kann stundenlang direkt in die Sonne sehen. –
Oben und unten: Einmal am Kap der Guten Hoffnung stehen …

PE OF GOOD HOPE
MOST SOUTH—WESTERN POINT
F THE AFRICAN CONTINENT

18' 28' 26" EAST
34' 21' 26" SOUTH

CAPE OF GOOD HOPE
THE MOST SOUTH—WESTERN POINT
OF THE AFRICAN CONTINENT

2000 Kerzen zwischen 1860 und 1919 bis zu 70 Kilometer weit hinaus auf die See. Nachdem 1911 jedoch der portugiesische Dampfer »Lusitania« am Kap zerschellte, war der bloße Kerzenschein nicht mehr ausreichend als Schutz vor dem Kap, das Vasco da Gama schon 1497 umsegelte auf seiner Suche nach dem Seeweg nach Indien.

Hout Bay – das südafrikanische Tromsø

Das nächste Highlight erwartet einen gleich um die nächste Ecke am »schönsten Kap der Welt« (wie es der englische Seefahrer Sir Francis Drake beim Vorbeisegeln einst nannte): Der Chapman's Peak Drive ist eine der beeindruckendsten Traumstraßen der Welt.

Die 10 Kilometer lange Panoramastrecke bietet Ausblicke vom Feinsten; hunderte Meter fallen steile Klippen von der serpentinenreichen Straße schroff ab ins Meer, was den Selbstlenkern hinter dem Steuer höchste Konzentration abverlangt, während ihre Mitfahrer fasziniert mitten ins Paradies blicken können. Ungeniert benehmen sich hier die Paviane, die nur darauf warten, dass Wagen anhalten und Insassen aussteigen, welche

die Traumkulisse von Hout Bay von oben fotografieren wollen, um sie dann ihrer Handtaschen, Sonnenbrillen und Chipstüten zu berauben …

Das Tiefblau des Atlantiks, die Bergspitzen, die einen bizarren Halbkreis um Hout Bay bilden, die bunten Fischerboote, dies alles malt ein Bild, so schön wie Postkarten-Kitsch. Nirgendwo sonst, heißt es, sei der Fisch besser als in Hout Bays Mariner's Wharf. Wie wäre es also mit fangfrischen Austern, Muscheln, Langusten, Tintenfisch oder einem Hummer auf die Schnelle am Imbissstand?

Seit 1939 steht ein großer Teil der Kap-Halbinsel wegen seiner einzigartigen Fynbos-Vegetation mit Orchideen, Zuckerbüschen und Dutzenden Arten von Erika unter Naturschutz. Und auch die hiesige Fauna hat einiges zu bieten: Neben 250 Vogelarten sind hier Antilopen, Zebras, Echsen, Strauße und diverse Bockarten zuhause, ebenso die giftige Puffotter und die Kobra.

Schade, dass es viel zu schnell wieder in Richtung Kapstadt geht, vorbei an den fast 800 Meter hohen Felsklippen Judas Peak und Little Lion's Head am Hout Bay Neck. Einen Kamera-Stopp legen wir ein im Millionärsparadies Llandudno: So wohnen sie, die Schönen und die Reichen, wird es wohl jedem Fotografen durch den Kopf schießen, wenn sein Objektiv auf die luxuriösen Anwesen über Llandudnos Superstrand zielt. Der von Palmen gesäumte Beach von Camps Bay ist hier, ganz ohne tosende Brandung und Nieselregen, kaum wiederzuerkennen – Harley-Davidson-Maschinen und feine, offene Oldtimer-Sportwagen parken an dem edlen Boulevard, der von feinen Strandcafés, Szene-Bars und ausgefallenen Gourmet-Restaurants gespickt ist. Hier findet alltäglich Kapstadts Palmbeach oder, wenn man so will, seine Copacabana statt.

Traumstrände direkt vor der Haustür

Dank insgesamt 3600 südafrikanischer Küstenkilometer sind Strände in diesem Land keine Mangelware, und erst recht nicht rund um die

Links: Der Blick auf Hout Bay ist nicht nur zum Sonnenuntergang atemberaubend. – Rechts: Brillenpinguine am Boulder's Beach

Kap-Metropole. Auf der Atlantikseite der Kap-Halbinsel liegen Sandy Bay, das Paradies für FKK-Fans, Clifton Beach, der Treffpunkt der Schönen, sowie Sea Point, das sich so umtriebig gibt wie das kalifornische Venice Beach. Außerdem locken hier White Sands und Misty Cliffs im Winter bei hohen Windgeschwindigkeiten vor allem Surfer an ihre Strände und ganzjährig Reiter, die auf den weiten Sandflächen ihr Eldorado finden.

Auf der Ostseite, an der False Bay, ist der Muizenberg Beach das beliebteste Strandbad für Schwimmer und Surfer; die anderen wie Buffelsbaai, Boulders, Fish Hoek oder Seaforth lassen sich nach eigenem Gusto entdecken. Daneben warten das eher ländliche Nordhoek mit dem sich über 8 Kilometer erstreckenden Long Beach auf und das gemütliche Kommetjie mit seinem 33 Meter hohen Slangkoppunt-Leuchtturm (1919). Das abseits vom Trubel gelegene Scarborough bietet Ruhe suchenden Strandspaziergängern das geeignete Ambiente.

Die falsche Bucht

In jedem Fall sind Badefreudige in der False Bay auf der richtigen Seite, da die Kap-Halbinsel die Bucht vor dem kalten Benguela-Strom aus der Antarktis schützt, während die Passatwinde das wärmere Wasser aus dem Indischen Ozean hereintreiben. Der Name der Bucht, False Bay, geht übrigens auf eine Fehlnavigation der frühen Seefahrer zurück, die nach ihren beschwerlichen Rückfahrten aus Indien dachten, dies sei endlich die Tafelbucht. Aber sie freuten sich zu früh und ankerten in der falschen Bucht …

Einer der umtriebigsten Orte hier ist das 10 000 Einwohner zählende Seefahrerstädtchen Simon's Town. Benannt nach dem ersten Kap-Gouverneur Simon van der Stel, verströmt das historische Bilderbuchstädtchen ein angenehmes viktorianisches Ambiente. Im Hafenbecken ankern Kriegsschiffe der südafrikanischen Marine einträchtig neben

Links: Die possierlichen Brillenpinguine auf Simon's Towns Boulders Beach –
Rechts: Die bunten Strandhütten in Muizenberg, einst das attraktivste Seebad Kapstadts

luxuriösen Segeljachten in Sichtweite des nicht selten sturmumtosten Leuchtturms Roman Rock, der seit 1861 den an der False Bay vorbeifahrenden Schiffen den Weg weist. Ganz in der Nähe, am Boulder's Beach, bilden tausende Brillenpinguine eine lautstarke (und vor allem schon aus der Ferne geruchsintensive) Kolonie.

Nicht weit von Simon's Town wartet mit Kalk Bay ein pittoresker Fischereihafen auf Besucher, die mittags, wenn die Fangflotte zurückkehrt, den frischen Fisch direkt an der Mole kaufen. Zahlreiche durchreisende Feinschmecker genießen die maritime Cuisine, was dem Küstenstädtchen erlesene Antiquitätengeschäfte, kunterbunte Trödelläden und Boutiquen mit Kunsthandwerk, Töpferwaren und Schmuck aller Art sowie eine lebhafte Künstlerszene beschert hat. Nur noch eine Frage der Zeit scheint es, bis sich das bislang eher bodenständige Kalk Bay auf der Liste der hippen Hot Spots an Kapstadts Riviera wiederfindet. Von Kalk Bay aus starten Bootsausflüge nach Seal Island wo eine Seehundkolonie empfindliche Nasen erschreckt, aber Ornithologen mit einer reichhaltigen Vogelwelt belohnt werden.

Oben und unten: Das von Weinstöcken umringte Hotel Lanzerac bei Stellenbosch –
Rechts: Nelson Mandelas Gefängniszelle auf Robben Island

Muizenberg Beach, schon seit dem 19. Jahrhundert ein Paradies für Schwimmer und Surfer, ist der letzte Stopp auf der Traumstraße rund um die Halbinsel. Hier finden sich – wie auch im benachbarten Badeort Saint James – die farbenfrohen Badehäuschen, die in keiner Werbebroschüre für

Südafrika fehlen dürfen. Berühmte Persönlichkeiten, wie der erste Premier der Kap-Kolonie Cecil Rhodes, »Dschungelbuch«-Autor Rudyard Kipling und Agatha Christie, die Erfinderin des Kriminalromans, sind hier schon nahe der katholischen Saint James Church (1858) ins Wasser gestiegen, mit Blick auf deren feine Fassaden im viktorianischen und edwardianischen Architektur-Stil.

Eine (Alb-)Trauminsel

In der Ferne, mitten im Meer, liegt Robben Island. Die legendäre Gefängnisinsel steht seit 1999 auf der Liste des UNESCO-Weltkulturerbes – wie auch die Zelle von Nelson Mandela, der dort ein Vierteljahrhundert verbrachte, bevor er als erster Schwarzafrikaner demokratisch ins Präsidentenamt Südafrikas gewählt wurde. 45 Minuten dauert die Überfahrt zum ehemaligen Alcatraz am Kap und jetzigen Nationalmonument, das täglich Heerscharen aller Hautfarben und Rassen besuchen. Während sich seit der Auflösung des »State Prison« draußen Springböcke, Antilopen, Seevögel und Robben ihr Robben Island langsam zurückerobern, mag sich drinnen so mancher Besucher den Nobelpreisträger und Botschafter des Friedens in der Zelle vorstellen: mit Blick auf die blaue See und Kapstadt, das majestätisch vom Tafelberg gekrönt wird. 1990 wurde Nelson Mandela nach 27 Haftjahren entlassen und eroberte sich die Welt, von der er so lange nur träumen konnte, zurück – und das weit über Südafrikas Grenzen hinaus.

Kapstadts Weinrouten

Wer sich vom Nightlife erholen muss, findet auch eine Reihe Ruhe verströmender Ziele rund um Kapstadt. Das weitläufige Gelände von

den Kirstenbosch Botanical Gardens zum Beispiel am Fuße des Tafelbergs vermachte Südafrikas erster Premier und Diamantenhändler Rhodes 1902 dem Staat; heute zählt die Anlage zu den schönsten botanischen Gärten weltweit.

Nicht weit von hier wartet Stellenbosch, Südafrikas zweitälteste Stadt (1679), mit einer Handvoll Weinrouten und viel Atmosphäre auf. Hier gehen die vergangenen Jahrhunderte spielend in die Gegenwart über, was auch den anderen Weinstadtperlen am Kap wie Franschhoek, Paarl und Wellington hervorragend gelingt. Stellenbosch gilt mit über 60 Weingütern als die nationale Hauptstadt des Weines und eröffnete 1971 nach dem Vorbild der deutschen Weinrouten und den französischen »Routes du Vin« die erste »Wynroete«. 250 verschiedene Weinsorten lassen sich in und um Stellenbosch in den Kellern probieren, wobei die beiden nahe gelegenen historischen Weinstädtchen Paarl und Franschhoek kräftig mitmischen. Die Cabernet Sauvignons und Shiraz-Weine aus Paarl gehören zur Weltklasse!

Der Riesling, deutschen Weintrinkern gut bekannt, geht hier übrigens mit nur einem mageren Prozent ins Gesamtergebnis ein, dabei ist der deutsche Einfluss auf den Weinbau am Kap mitverantwortlich für die heutigen Spitzenweine »Made in South Africa«. Pauline vom Weingut Nederburg schließt die Augen und lässt genüsslich einen Schluck ihres Gewürztraminers über den Gaumen rollen. Dann steigt die professionelle Verkosterin erst einmal in die Geschichte ein: 200 Jahre alt ist das Weingut Nederburg, erfährt der Besucher, und dass es ein Johann-Georg Graue war, der einst mit geschärftem Blick die idealen Bedingungen für den Weinbau am Kap ausmachte, nämlich trockene Böden, kühle Winter, reichlich Sonne und ausreichend Regen, kurzum hervorragendes mediterranes Klima. Und er brachte Technik und Wissen aus Deutschland mit. Seinen Sohn Arnold schickte Graue nach Deutschland zurück,

Links: Sowohl Haus als auch Garten sind im kap-holländischen Stil erbaut. – Rechts: »Blaauwklippen« und sein 300 Jahre altes Herrenhaus

um ihn an der Weinbaufachschule in Geisenheim am Rhein ausbilden zu lassen. Im Rückreisegepäck hatte der Junior ein wissenschaftlich aufgebautes Rebveredelungs- und Pflanzmaterialprogramm sowie eine neue Kellertechnik, die aus dem Rheingau stammende Gärführung unter niedrigen Temperaturen. Bald schon hagelte es Goldmedallien und erste Preise.

Wegen des Apartheid-Boykotts konnten südafrikanische Winzer lange nicht zeigen, was in ihnen (beziehungsweise in ihren Flaschen) steckt, heute wird der Markt für südafrikanische Weine aber sehr positiv beurteilt: Im Segment der hochpreisigen Weine stehen die Kap-Produkte oft deutlich günstiger in den Regalen als ihre europäischen Konkurrenten. Bei gleicher Qualität, versteht sich, und trotz langer Frachtwege. Als Preisfaktoren zählen hauptsächlich der Wechselkurs zum südafrikanischen Rand, die Lohnsituation im Lande sowie das ausgezeichnete und verlässliche Klima.

Nach ausgiebiger Weinprobe steht jedenfalls fest: Favorit für heute ist der Nederburg Noble Late Harvest, eine edle Spätlese, von der es nur

Oben: Weinreben im Tal von Franschhoek – Unten: Die kapholländische Kirche in Tulbagh – Rechts: Im Weinkeller des historischen Weinguts »Twee Jonge Gezellen«

ein winziges Schlückchen ins Probier-
glas gibt. Danach folgt eine perfekt
inszenierte Dia-Show über das Wein-
Label »Product of South Africa«, und
Pauline führt die inzwischen sehr hei-
teren Gäste von der Weinprobe im
altehrwürdigen Friesenhaus hinüber
zur Technik. In langen Reihen sind hier

neben modernsten Kelter- und Tankanlagen prächtige Eichenfässer aufgestellt, »made in Germany«, wie sie stolz sagt.

Nach der Kellerführung schweift draußen der Blick über das fruchtbare
Paarl-Tal, das wie gemalt vor den Drakenstein-Bergen im milden Son-
nenlicht liegt. »Der Rheingau vor hundert Jahren«, flüstert ein profes-
sioneller Schluckspecht aus Rüdesheim fasziniert. Weder Autobahnen
oder Schnellstraßen noch Industriegebiete zerschneiden die biblisch
anmutenden Rebgartenlandschaften, die sich ringsum wie der Garten
Eden ausbreiten.

Weinbautradition aus dem Rheingau

Im malerischen Weinstädtchen Wellington pflegt ausgerechnet ein deutscher Zahnarzt Rheingauer Weinbautradition, seit er sein Bohrbesteck
aus der Hand legte und einen der ältesten kap-holländischen Gutshäuser, Baujahr 1795, erstand. Als Relikt aus der alten Welt prangt im
Kaminzimmer noch das Praxisschild von daheim: Dr. med. dent.

Wein keltern sei der Zahnmedizin gar nicht so unähnlich, erklärt
Dr. Schumacher und schwenkt einen dunkelroten Ruby Cabernet
genüsslich im Glas, »was man braucht, ist vor allem ein sachkundiges
Händchen!«

Auf seinem Gut Oude Wellington werden pro Jahr 25 000 Flaschen
der edlen Tropfen produziert. In der Kelterhalle stehen Vertreter der
modernsten Technik, eine Weißwein-Presse der Firma Görtz-Landma-
schinen neben 70 Eichenfässern für den Barrique-Ansatz, aus Frankreich
importiert. Und neuerdings gibt es sogar auch noch eine kupfer-
blitzende, große Destillieranlage zur Herstellung von Grappa und
Brandy.

Zwischen West Coast und Wild Coast

Während die meisten Kapstadt-Besucher Richtung Garden Route, also nach Osten, weiterreisen, bleibt die andere Seite des Kaps mit seiner traumhaften West Coast weitgehend sich selbst – und den Capetonians – überlassen. Menschen-leere Sandbuchten, endlos lange Strände, postkartenreife Leuchttürme, vorgelagerte Inseln in weiten, schilfbestandenen Wasserlandschaften sowie knallbunte Fischerboote sorgen dort für nordfriesisch anmutende Impressionen.

Oben: Landschaft, Küste, Strand und eine blühende Kranz-Aloe an der Wild Coast, die eines der letzten naturbelassenen Küstenparadiese der Welt ist. – Mitte: Frauen auf dem Weg zurück ins Dorf. Sie tragen Wasserbehälter auf dem Kopf. – Unten: Nach der Abschaffung der Apartheid wurde das rückständige Gebiet zur Provinz »Eastern Cape« (Ostkap), das heute noch den Reiz längst vergangener Zeiten besitzt.

Zwischen West Coast und Wild Coast

Traumküsten am Kap

West Coast National Park – Zederberge – Ost-Kap – Walker Bay – Garden Route – Addo Elephant National Park – Wild Coast

Bis hinauf zur St. Helena Bay und weiter nördlich erstrecken sich die Arbeitsplätze der Langustenfischer. In Landschaften, die an Schleswig-Holstein erinnern, mit rustikalen Küstenorten, weiß getünchten Fischerkaten, Trockengestellen voller gesalzener Makrelen sowie brandungs- starken Hotspots für Windsurfer, die sich

von den bescheidenen Wassertemperaturen (eher unter 15 Grad Celsius als darüber) nicht beeindrucken lassen. Wir rollen über die R 307 und genießen die ersten maritimen Aussichten in Yzerfontein, einem einst winzigen, romantischen Fischerdorf, wo die frischen »Frutti di Mare«

direct vom Bootsdeck an die Klientel aus der nur 60 Kilometer entfernten Großstadt verkauft werden. Ein boomender Immobilienmarkt hat auch schon die nächste Strandpreziose entdeckt, den hübschen Lagunenhafen Langebaan, um den sich zunehmend moderne Ferien- und Wochenenddomizile ausbreiten. Die drei bekanntesten Szene-Restaurants heißen »Pearlys«, »Driftwoods« und »Strandloper«. Hier kommt der fangfrische Fisch in allen Variationen – gebraten, gekocht, gegrillt oder in köstlichen Suppen – auf den Tisch, neben handtellergroßen Austern, Muscheln und Langusten.

Zuflucht für Zugvögel

Das reinste Naturspektakel veranstaltet der West Coast National Park gleich nebenan, dessen maritime Areale sich mit weitläufigen Salzmarschen, Schlick- und Schilfflächen zwischen Yzerfontein und Langebaan ausbreiten. Sixteen Mile Beach heißt die schmale Landzunge, die den

Links: Kudu-Antilope im Addo National Park – Rechts: Einer von vielen wunderschönen Stränden im weltberühmten Tsitsikamma National Park

Atlantischen Ozean von einem einzigartigen Vogelparadies trennt, das Ornithologen aus aller Welt begeistert: Massen von Kap-Tölpeln, Kormoranen, Brillenpinguinen und Flamingos geben sich in den hiesigen Feuchtgebieten ein Stelldichein, manchmal sind es bis zu 60 000 Vögel auf einen Schlag. Eine wahrhaft idyllische Westküstenperle ist das schöne Paternoster, das sich seinen typisch kapholländischen Stil erhalten hat und mit seinen putzigen Fischerhäusern seit eh und je ein Pilgerort für Künstler und Fotografen auf der Suche nach Inspiration ist. Die stellt sich auf der Veranda des »Voorstrand«-Restaurants am weiten Sand Beach ebenso automatisch ein wie im »Café Suzi« im Augustineweg oder im »Paternoster Drankwinkel« schräg gegenüber. Während heute der lokale Supermarkt für »Beer & Wine« die Strandenklave mit eisgekühltem Nachschub versorgt, blieb portugiesischen Schiffbrüchigen, die es einst zwischen die rundgeschliffenen Granitfelsen spülte, nur das Vaterunser – was der makellosen »Paternoster-Baai« ihren Namen gab. Wer noch mehr will, fährt zur nächsten Bucht, zur Jacobsbaai: Im »Weskusplek«, dem einzigen Restaurant in dieser von Unruhe völlig

freien Bucht, bleiben West-Coast-Experten in kulinarischer Hinsicht garantiert unter sich.

In Velddriff sollten Selbstfahrer laut Reise-führer unbedingt den Reifendruck absenken, weil eine heftige Schotterpiste über Elands-baai bis nach Lambert's Bay führt. »Die ist nur für Touristen«, winkt Tankwart Henk

grinsend ab und empfiehlt stattdessen die feine Teer-straße über das pittoreske Seaside-Domizil Dwarskersbos, wo sich die beneidenswert hübsche Strandarchitektur mit einer grandiosen Seelage paart. Und nonstop passiert man malerische Landschaften: Schafe, Kühe und Ziegen stehen auf saftigen Weiden, gesäumt von beeindruckenden Dünenbergen, hinter denen der kalte Atlantik auf endlose Kilometer Sand schwappt.

Elandsbaai, das nur dank einer Fischfabrik und einer Handvoll metropo-litischer Individualisten existiert, kündigt sich durch eine schilfbestan-dene Lagune als grünendes Paradies an, das sich an einer weitläufigen Bucht zum tiefblauen Ozean hin öffnet. Jenseits dieser kuriosen Ansied-lung mit dem nicht ganz unpassenden Namen schlängelt sich die Straße durch sanfte Küstenhügel bis zu einem absolut deplaziert wirkenden Parkplatz einige Kilometer vor Lambert's Bay. Was sich dahinter verbirgt, nennt sich »Muisbosskerm« und ist ein populärer Open-Air-Gourmet-Tempel: Inmitten der Dünen und zum Rauschen der Brandung gibt es hier für rund 20 Euro köstliches Seafood (inklusive Hummer und Langusten), soviel man essen kann.

Die Zederberge

Im windumtosten Hafenstädtchen Lambert's Bay, dessen Trawler-Flotte alltäglich Frischware anlandet, serviert die kaffeebraune Julanda im Hafenrestaurant »Kreefhuis« zum »Catch of the Day« und dem em-sigen Gebrumme zweier Gabelstapler, die sich mit dem Verfrachten von tropfnassen Hummerkisten abmühen, eiskalten Sauvignon Blanc. Nicht

Links: Die Wildblumen gibt es in vielen Farben und Formen. – Rechts: Korbblütler inmitten der traumhaften Landschaft des West Coast National Parks

weniger atmosphärisch lässt es sich um die Ecke bei »Isabella's« auf der Hafenmole essen, der Fußboden der illustren Fischkneipe besteht nur aus Muscheln und Sand. Wenn sich nach 30 Fahrminuten Clanwilliam ankündigt, beginnt mit den Zederbergen das Kontrastprogramm: Monumentale Felsformationen bauen sich auf, in denen Leopard, Pavian, Fuchs, Wildkatze und Stachelschwein eine Wildnis vorfinden, die auch von einem Dutzend Schlangenarten bevölkert wird, von Berg- und Puffottern bis hin zu schwarzen, giftspuckenden Kobras. Inmitten dieser steinigen Dramaturgie hat sich seit einem Jahrzehnt das »Bushman's Kloof Wilderness Reserve« etabliert, auf einer Fläche beinahe so groß wie Sylt. Eine der wohlhabendsten Familien am Kap (der Senior heißt Stanley Tollman und stammt aus Paternoster) hat hier ein Naturparadies erster Güte erschaffen. 100 Angestellte kümmern sich um die 16 Zimmer in den stilvollen kapholländischen Häusern sowie um ein paradiesisches Pflanzenareal, das sich zwischen imposanten Felsen ausbreitet. Seltene Cape-Mountain-Zebras, Strauße und verschiedene Antilopenarten lassen sich in dem Biosphärenreservat auf dem »Nature Drive« entdecken, außerdem über 100 steinzeitliche »Bushman's Paintings« (Felsmalereien der San) sowie die ehemals deutsche Missionsgemeinde Wupperthal, die nur eine halbe Fahrstunde entfernt liegt.

Allerdings: Wer sich hier vom Fleck rührt, ist selber schuld. Die meditative Stille der Felsen-Lodge wird nur durchbrochen vom Rauschen des Windes, der sich im Geäst ausladender Feigenbaum-Riesen verfängt. Aufgestaute Süßwasserseen sowie großflächige Pools laden zum Baden ein inmitten eines Vegetationsrausches von der Qualität eines botanischen Gartens. »Ich müsste längst woanders sein«, erklärt der Ranger Jaco Fourie, doch wegen der besonderen Energie der Tollman-Utopie schiebt er seine Kündigung Jahr um Jahr auf. »Aber wie nur unterschreibt man aus freien Stücken die eigene Vertreibung aus dem Paradies?«

Dabei muss eine Reise die Westküste hinauf hier noch lange nicht zu Ende sein: Auf einer der schönsten Panoramarouten im südlichen

Links: Wupperthal, die historische Missionsstation in den Zederbergen – Oben: Die zauberhafte Langebaan Lagune – Unten: Kaptölpel-Kolonie in Lambert's Bay

Afrika kommt nach dem südafrikanisch-namibischen Grenzübergang in Noordoever eines der ganz großen Abenteuer auf Cape-Namibia-Fahrer zu, der Fish River Canyon, sowie die Entscheidung: Von der B1 links ab zur Atlantikperle Lüderitz und ins Diamantensperrgebiet? Oder über Klein-Aus gleich nach Sossusvlei, ins rote namibische Sanddünengebirge?

Füllig: das Ost-Kap

Ohne Zweifel ist die Autobahn von Kapstadt in östlicher Richtung eine der schönsten Strecken der Welt – um im Stau zu stehen … Dieser ist freitags ziemlich sicher, denn dann machen sich die Capetonians entlang ihrer vielzackigen Bergketten auf in die Weekend-Kolonien an den verträumten Buchten des Indischen Ozeans.

Das noble Strandstädtchen Hermanus, das schon beim Thema Immobilienpreise am Kap Spitze ist, zählt zu den besonders beliebten Plätzen. Es beherbergt nicht nur ein Walbeobachtungszentrum, sondern beschäftigt auch noch den kuriosesten Walausrufer der Welt. Der eilt durch Hermanus' Straßen und bläst laut ins Horn, um den Fremden in den

Boulevardcafés die Ankunft neuer Wale zu verkünden. In der Walker Bay zwischen Hermanus und dem Küstenstädtchen De Kelders tummeln sich an guten Tagen bis zu 60 der riesigen Säuger, die zwischen Juni und September aus den eiskalten Antarktisgewässern in die warmen, geschützten Buchten der
Südküste ziehen, um sich zu paaren und ihre Jungen
zur Welt zu bringen. Wenn die rund 60 Tonnen schweren und bis zu 18 Meter langen Glattwale spektakulär aus dem Wasser schießen, um dann mit gewaltigem Getöse auf der Wasseroberfläche aufzuschlagen, sind die Walbeobachter an Land jedes Mal in hellste Aufregung versetzt. Manchmal patschen die gutmütigen Tiere mit der Schwanzflosse verspielt aufs Wasser und blasen dazu auch noch fotogen Wasserfontänen in die Luft. Die Southern Right Whales (Südliche Glattwale) vor Südafrikas Küsten sind inzwischen so populär, dass manche Wildlife-Experten aus den legendären »Big Five« am liebsten »The Big Six« machen würden. Immerhin waren die beliebten Riesen wie ihre Savannen-Kollegen, die Nashörner, beinahe schon ausgerottet. Walfangflotten hatten die Bewohner der Weltmeere Ende des 18. Jahrhunderts wegen ihres Tranes (als Brennstoff für Lampen, als Grundstoff für Seife und Linoleum sowie als Arzneimittel) und ihrer Barten (zur Herstellung von Korsettstangen) massenhaft aus den Ozeanen gezogen. Die Populationen erholten sich erst, als die Wale ab 1935 vermehrt geschützt und ihr Fang 1976 in Südafrika endgültig verboten wurde.

Auf der Cape Whale Route an der Küste entlang, zwischen Strandfontein und dem Tsitsikamma National Park bei Knysna, lassen sich die größten Säugetiere der Erde an vielen Orten von Land aus sehr gut beobachten. Seit Kurzem erhalten Kleinveranstalter Lizenzen, um erstmals auch mit kleinen Booten auf Walbeobachtung zu gehen. Vor allem farbige und schwarze Jungunternehmer sollen auf diese Weise ermuntert werden, sich im Whale-Watching zu engagieren – allerdings unter

Links: Auf dem Hermanus Cliff-Wanderweg zwischen Longbaai und Kamma Bay kann man Wale beobachten. – Rechts: Südlicher Glattwal

strengen Auflagen, damit der Schutz der Tiere auch weiterhin gewährleistet bleibt.

Die Bucht der Wale

Zwischen Hermanus und dem Fischerörtchen Gansbaai ist in den sanften Hügeln der Swartkransberge mit der Bio-Lodge Grootbos eine Beobachtungsstation der anderen Art entstanden. Zwar warten auf den Aussichtsterrassen von Grootbos hochwertige Leica-Fernrohre auf jene, die von den Walen in der Walker Bay unten nicht lassen können. Aber hier oben handelt die Geschichte eigentlich von Ameisen, Mäusen und Menschen, von Fynbos und Milkwood, von Asche und von Erika. Das hört sich im ersten Moment wenig spannend an, vor allem wenn man weiß, dass jenseits der weitläufigen Bucht, weiter draußen auf Dyer Island, Scharen von Pinguinen warten. Die Nachbarinsel Geyser Island, ein blanker, vom Meer umtoster Felsklotz, bevölkern 55 000 Robben, den Inselkanal dazwischen durchpflügen tonnenschwere, bis zu 6 Meter lange weiße Haie. Und Kormorane sind so zahlreich vertreten, dass sie beim plötzlichen Auffliegen mit ihrem Geflatter zuweilen den Himmel verdunkeln.

Aber unter den heimeligen Reetdächern von Grootbos wird ausschließlich über Flora »en miniature« gefachsimpelt. Da sind Leucospermum oder Protea obtusifolia feste Größen, in einem Umfeld, das am ehesten mit der Wattlandschaft bei Keitum vergleichbar ist. Wobei sich gar nicht selten Sylter Impressionen in die Landschaftsoptik einschleichen: Der Blick von der friesisch anmutenden Lodge geht über riesige Sanddünengebiete, in denen hartnäckig der Strandhafer kämpft, auf unablässig anrollende Wellenberge, die sich an feinsandigen Stränden kleinlaufen, und soweit das Auge reicht, blüht eine wildromantische Heidevegetation, die typisch ist für das Kap, mit ihren vielen endemischen Pflanzen, deren aktuelle Farbmischung gerade von 35 verschiedenen Erikaarten bestimmt wird. Studierte Botaniker weihen Neuankömmlinge erst einmal in die Welt der kleinblättrigen Mini-Sträucher, des Fynbos, ein. Natürlich wachsen hier auch größere Büsche (»Grootbos«) und sogar richtige Bäume, die bis zu 1000 Jahre alten Milkwood Trees. Die seltene

*Links und oben: Hermanus ist der perfekte Platz für Walbeobachtungen. –
Unten: Die Protea ist die Nationalblume Südafrikas.*

Spezies Sideroxylon inerme hat sich im Schutzgebiet von Grootbos zum größten Milkwood-Wald Afrikas versammelt. Diese Kap-Flora wuchert mit Tausenden Arten auf kleinsten, teilweise nur wenige Quadratkilometer umfassenden Arealen.

Aufgrund von Mikroklimata kann das Sortiment in der nächsten Bucht schon ganz anders aussehen. Von weltweit 860 Arten Erika finden sich allein 730 im Blumen-Eldorado am Kap. Ebenfalls phänomenal ist, dass es mit der Fynbos-Vegetation erst richtig losgeht, wenn es brennt. Denn erst nach einem Feuer öffnen sich die Samen der Pflanzen im Erdreich und treiben dann einen noch dichteren, wilderen Bewuchs hervor – ein Evolutionsbeispiel aus Gebieten, in denen sonst die Vegetation durch Buschfeuer zerstört würde. Wie raffiniert das Reproduktionssystem funktioniert, macht ein Botaniker von der Universität Kapstadt am Beispiel der Protea, Südafrikas Nationalblume, deutlich: Protea-Samen, die zu Boden fallen, werden von Ameisen in ihre unterirdischen Nester verschleppt, aber nur die feine äußere Hülle wird von den Tierchen verspeist. Die in den Ameisenbauten vor Vögeln und Mäusen sicheren

Samenkerne warten jetzt auf Feuer, Asche und
Regen: Erst chemische Stoffe in der Asche, vom
Regen an die Pflanzensamen gespült, stimulie-
ren ihr Wachstum. »Ohne Feuer«, lächelt der
Wissenschaftler, »passiert da gar nichts!« Immer
wieder versuche man deshalb, das Naturreservat abzufackeln. Kontrolliert natürlich. Doch
schon häufig machte eine starke Seebrise einen
Strich durch diese Rechnung, und die einsatz-

bereite Feuerwehr musste wieder abrücken, bis zum nächsten
Versuch.

Grootbos ist das Lebenswerk der Lutzeyers, zweier Ehepaare aus Lüneburg und Nassau. Natürlich gibt es hier deutschen Schnaps und dun-
kles Körnerbrot. »Beim Wein ließ sich nichts machen«, zuckt Michael
Lutzeyer bedauernd mit den Schultern, der sei unschlagbar und ausschließlich Made in South Africa, genau wie der einheimische Chefkoch.
»Und erzähl bloß nix von Schlangen zu Hause«, setzt der Grootbos-
Boss nervös hinzu, wo sie doch gerade mal wieder eine Puffotter gefan-
gen haben, »wir haben hier nur Frösche!«

Weiße Haie und die Garden Route

Wem ein Naturreservat zu wenig Nervenkitzel bietet, der kann sich in
einer von Gansbaais Adventure-Agenturen zum ultimativen Kick anmelden und in die Welt der Weißen Haie abtauchen. Im Käfig natürlich.
Sonst würde er womöglich Cape Agulhas, das echte Kap, verpassen, anderthalb Fahrstunden ostwärts von hier. Wo tatsächlich Atlantischer und
Indischer Ozean aufeinandertreffen, und nicht, wie die meisten glauben,
am Kap der Guten Hoffnung. Genau hier ist er nämlich, der Southern-
most Point of Africa, unter dem rot-weiß gekringelten Leuchtturm von
1848. Der wurde einst mit Schafschwänzen befeuert und verrät in seinem »Lighthouse Museum«, dass er dem Leuchtturm von Pharos bei
Alexandria im alten Ägypten nachgebaut sei. Außerdem rühmt er sich,

Links: Spielende Robben vor der Küste in Plettenberg Bay – Rechts: Entlang der
Garden Route lassen sich viele Robben beim Sonnenbaden beoabachten.

nach seinem Kollegen in Kapstadts Green Point der dienstälteste seiner Art zu sein.

In Mossel Bay beginnt die Garden Route, ein lohnender Umweg über Swellendam führt den Reisenden dorthin. Umringt von den Langeberg Mountains ist Südafrikas drittälteste Stadt (1743) ein städtebauliches Schmuckstück mit liebevoll restaurierten kapholländischen Häusern – und einem der interessantesten Museumskomplexe des Landes, der Drostdy. Der ehemalige Verwaltungssitz der Kap-Regierung in der Swellengrabel Street spiegelt mit seiner Ausstattung den überschwänglichen Lebensstil des 18. und 19. Jahrhunderts wider.

Von Swellendam geht es auf dem Weg nach Mossel Bay kurz vor Heidelberg links ab und dann über den Tradouws-Pass auf die »Route 62«, eine der landschaftlich schönsten Reiserouten der Kapregion. Die »62« schlängelt sich hier durch die fruchtbaren Täler der Kleinen Karoo, vorbei an gestandenen Felsmassiven, deren Gipfel im Winter schneebedeckt sind, nach Ladismith, einem beliebten Wandergebiet am Fuß des Towerkop, und weiter bis zu den ehemaligen Missionsstationen Zoar und Amalienstein. Von Calitzdorp, der Hochburg des Portweins, ist es dann nur noch ein Katzensprung bis nach Oudtshoorn, dem Zentrum der Strauße. Wer mit den seltsamen Laufvögeln wenig am Hut hat, fährt ein kleines Stück weiter über den Swartberg-Pass und überwindet so das letzte Hindernis vor Prince Albert. Das kleine Bergstädtchen, das schon mitten in der Großen Karoo liegt, stellt ein ganz besonderes Kleinod dar: Umgeben von bizarren Berglandschaften, deren Gipfel 2000 Meter erreichen, gedeihen in dieser paradiesisch anmutenden Enklave Oliven, Obst und Merinoschafe. Prince Albert, benannt nach dem Prinzgemahl Queen Victorias und 650 Meter über dem Meeresspiegel gelegen, ist mit seinen viktorianischen Fassaden beinahe ein lebendiges Museum und als Quartier bei Wanderern äußerst beliebt. Vor allem, wenn im Frühling die Obstbäume blühen und das Land mit Millionen von Wildblumen

Links: Haie findet man vor allem in Gansbaai. – Rechts: Plettenberg Bay ist ein reizvoller Standort zum Leben und Urlaub machen.

übersät ist, oder zum Olivenfest im April, dem südafrikanischen Herbst. Im Sommer, also im Dezember, wenn es in der Karoo heiß und trocken ist, hält Prince Albert einen Winterschlaf.

Weltbekannt: Südafrikas Garden Route

Von Mossel Bay windet sich die legendäre Garden Route über 400 landschaftlich spektakuläre Kilometer die Küste entlang bis nach Port Elizabeth. Den dicksten Happen aus diesem »most spectacular landscape« beißt sich der Outeniqua Choo-Tjoe heraus, ein alter Dampfzug, der von Mossel Bay bis nach George durch eine Kulisse aus Wäldern, Seen und Flüssen schnauft. Das Strandpanorama von Wilderness scheint nicht von dieser Welt; die einst verschwiegene Naturschönheit aus Lagunen, Sanddünen und Bergketten, seit jeher von Künstlern, Anglern und anderen stilsicheren Individualisten als Wohn- und Weekend-Paradies geschätzt, wurde als Wilderness National Park vor der absehbaren Zersiedelung rechtzeitig geschützt. Naturfreunde, die sich im verträumten Örtchen Wilderness einquartieren, werden die Idylle aus reetgedeckten

*Oben und unten: Plettenberg Bay bei Sonnenaufgang und tagsüber –
Rechts: Im Tsitsikamma National Park*

Giebeln und den 7 Kilometer langen Kingfisher Trail ebenso lieben wie die Wanderwege durch das Goukamma Nature Reserve, ein weitläufiges Küstenschutzgebiet zwischen Wilderness und Buffels Bay.

Hinter den nächsten Kurven wartet Knysna: Mit einer lebendigen touristischen Infrastruktur liegt das liebliche Küstenstädtchen wie gemalt an seiner Lagune, die als National Lake Area unter Naturschutz steht. Restaurants, Bars und eine Promenade mit Blick auf die schaukelnden Boote laden zum Genießen am Meer ein, und eine stilvolle Miniaturausgabe von Kapstadts Waterfront lässt die »Wilderness« hier nicht gar zu einsam erscheinen.

Jenseits der Urlaubshochburg Plettenberg findet die Garden Route mit dem Tsitsikamma National Park nicht nur ihre letzte, sondern auch eine ihrer interessantesten Stationen: Afrikas erster Meeresnaturschutzpark bietet beeindruckende Wasserlandschaften aus wildromantischen Flussläufen, endlosen Dünengebieten, Süßwasserseen, einsamen Sandstränden und Klippen, die von der Brandung umtost werden. Sogar Korallenriffe lassen sich unter Wasser bewundern. In der Mündung des Storms River finden Schwimmer und Schnorchler ihr Paradies. Wanderfreunde buchen einen mehrtägigen Track (übernachtet wird zünftig in Hütten und Camps) oder ziehen auf eigene Faust durch den ursprünglichen Tsitsikamma Forest – mit 43 000 Hektar der größte zusammenhängende Urwald Südafrikas! »The finest walks in the world« finden in diesem Garten Eden statt, auf dem Otter Trail oder dem Elephant Walk. En route ragen Outeniqua Yellowwood Afrocarpus falcatus auf, bis zu 50 Meter hohe Riesen mit Durchmessern von über 3 Metern. Manche der gewaltigen Bäume werden 800 Jahre alt. Der größte hier, »The Big Tree«, hat eine sagenhafte Kronenspannweite von über 30 Metern.

Addo Elephant National Park

Nach der quirligen Hafen- und Industriestadt Port Elizabeth (1 Million Einwohner, Produktionsstätte für Volkswagen und Ford) und East

London, dem heutigen Buffalo City (Produktionsstätte für Mercedes), folgen nun nicht etwa nur Örtchen wie Hamburg, Braunschweig, Berlin oder Potsdam, die an ihre frühen, deutschen Siedler erinnern. Jenseits von East London kommt auf Besucher auch ziemlich berauschend die Wild Coast zu, die wilde Küste der Xhosa, mit ihren verschwiegenen Buchten, bizarren Höhlen und wahren Traumstränden.

Vorher, im Addo Elephant National Park, nur 70 Kilometer von Port Elizabeth entfernt, lassen sich Elefanten sowie seltene Spitzmaulnashörner, Kap-Büffel, Kudus und Antilopen vom eigenen Auto aus beobachten. Dieser Park schreibt über seine eigenwillige Dickhäuter eine besonders eigentümliche Geschichte: Der Sieg der Elefanten über weiße Siedler ist hier nachzulesen, die mit ihren Feldern und Farmen den Lebensraum der grauen Riesen immer weiter einschränkten. Wobei gegen Ende des 19. Jahrhunderts die Elfenbeinjäger ohnehin nicht mehr viele von ihnen am Leben gelassen hatten. Die Addo-Elefanten jedoch, die letzten einer speziellen Kap-Spezies, galten als angriffslustig und ließen sich, so die Anekdoten, nichts Unrechtes gefallen. Sie verwüsteten auf Nahrungssuche die Felder und Gärten der weißen Farmer, die ihnen auf ihren angestammten Pfaden zum Sundays River im Weg waren. Nachdem sich die Elefanten immer störrischer verhielten, wurde ein kriegserprobter Major damit beauftragt, das Übel nachhaltig zu beseitigen, welcher daraufhin in kürzester Zeit 120 Tiere abknallte. Nur 16 überlebten das Schlachtfest. Auf den Protest der Bevölkerung hin wurde für die verbliebenen Exemplare im Jahr 1931 ein Wildreservat eingerichtet, aber die verschreckten Tiere brachen aus. Einmal belagerten sie unnachgiebig einen nahe gelegenen Bahnhof und wollten freiwillig nicht weichen. Selbst die Arbeiter des Parks lernten zeitweilig

Links: Der Afrikanische Elefant hat im Unterschied zum Asiatischen deutlich größere Ohren. – Rechts: Beliebteste Treffpunkte der Tiere sind Wasserlöcher wie dieses.

das Fürchten und rannten um ihr Leben. Als sich eine Elefantenkuh einmal auf einen passionierten Orchideenzüchter setzte, weil dieser ihr das Elefantenbaby stehlen wollte, blieb von dem Herrn wenig übrig. Als vor Jahren ein Addo-Elefant von seiner Herde getrennt wurde, um in einen anderen Park umgesiedelt zu werden, tötete er dort einen Menschen und kippte später aus Wut noch einen Lastwagen um. Das Verhalten der Addos brachte ihnen den Ruf ein, aggressiver als ihre Artgenossen zu sein. Heute sind sie aber friedlich, und im Park leben inzwischen wieder einige hundert Exemplare dieser ganz besonderen Spezies.

Die wilde Küste der Xhosa

Die Wild Coast verdankt ihren Namen ihren vorgelagerten Riffen und Untiefen, die zahlreiche Schiffe auf Grund brachten. Und sie ist wirklich wild, nämlich von einer wilden Schönheit. Weil sie bis heute geblieben ist, was sie immer war: ein Stück ungebändigte Natur. Und weil es keine durchgehende Küstenstraße gibt, nur kleine Stichstraßen zum Meer, viele davon holprige Pisten, die nach heftigen Regenfällen schnell zu

Schlammfallen werden. Aber sie führen zu Stränden, die einsam und fast unberührt am Indischen Ozean liegen, geradezu filmreif und doch noch viel besser.

Wer es zwischen wildromantischen Flusstälern und steilen Bergrücken hindurch bis zu den Lagunen der Flussmündungen geschafft hat, wird reichlich belohnt. Aber Vorsicht, nicht alle Strände sind durch Netze vor Haien gesichert! Eines der schönsten Fleckchen an der wilden Küste ist Coffee Bay, das so heißt, seit im Jahr 1893 in seiner Bucht ein mit Kaffeebohnen beladenes Schiff strandete. Die Bohnen wurden an Land gespült, keimten, schlugen Wurzeln und ließen Kaffeesträucher wachsen. Nach den Relikten der Legende suchen Besucher allerdings vergeblich: Im salzhaltigen Boden, so ist zu lesen, konnten die Keimlinge nicht lange überleben. Das alles interessiert vor Ort aber niemanden. Als ob hier jemand nach Kaffeesträuchern Ausschau hielte, wo eine wildromantische Idylle die Besucher beinahe erschlägt! Bei all den traumhaften Küsten an der Wild Coast hat auch das Hinterland an Farbkolorit einiges zu bieten. Die ärmliche Transkei, das frühere Homeland der Xhosa, der

»Menschen mit den roten Decken«, gehört seit dem Ende der Apartheid zur Eastern Cape Province. Eine Reise durch die Landschaften aus grünen Hügeln, steilen Tälern und wasserreichen Flüssen gehört zu einem der authentischsten Erlebnisse in den östlichen Regionen Südafrikas.

Die Xhosa, noch tief in ihren traditionellen Bindungen verwurzelt, finden nach wie vor im Kraal ihre soziale und ökonomische Einheit. Die grasgedeckten Rundhütten zeichnen zuweilen ein archaisches Bild, vor allem, wenn Xhosa-Frauen Pfeife rauchend vor den Lehmbehausungen auftauchen, um ihren Männern, die dort hocken und palavern, den Hirsebier-Nachschub zu bringen. Langsam und würdevoll schreiten sie daher, manchmal mit einer seltsamen Ausdrucksstärke in ihren dunklen Gesichtern. Ein Lachen zaubert hier aus dem Tiefsinn abrupt ein Paradies herbei.

Geheimtipp unter Tauchern

Schon lange hat er sich bei Tauchern, Hochseefischern und Surfern einen Namen gemacht, zunehmend entdecken ihn nun auch Küstenwanderer: Der Landstrich zwischen Port Edward und Morgan's Bay ist voller Felspools, rauschender Flüsse und Wasserkaskaden wie den Magwa Falls. Einsame Lagunen, bizarre Klippen, versteckte Sandbuchten und herrliche Küstentrails prägen dieses Wanderparadies. Einer der schönsten Pfade, der Wild Coast Hiking Trail, beginnt in Port Edward.

Zu einer Idylle hat sich das ehemalige Hafenstädtchen Port St. Johns entwickelt, das mit seiner Lagune Treffpunkt von Künstlern, Malern und eines sonstwie »hippen« Publikums ist. Nach sportivem Beach-Life kann man sich hier zwischen hübschen Boutiquen und Galerien und in entspannten Bars vergnügen.

Links: Xhosa-Festival der traditionellen Heiler –
Rechts: Sangomas arbeiten traditionell mit Knochen, Kräutern, Träumen und Trance.

Südafrikas Wüsten

Vereinzelt zeigen sich Farmhäuser in der Ebene, dort, wo Merinoschafe und Angoraziegen das allerletzte vom Boden abknabbern, dann wieder dramatische Felsauftürmungen wie im Valley of Desolation. Das Beste findet in dieser kargen Gegend nachts statt, wenn es in der Großen Karoo eiskalt wird und der Himmel so klar wie am Südpool und sich Sternegucker aus aller Welt im South African Astronomical Observatory in der Nähe von Sutherland versammeln. Ähnlich wie im Namaqualand explodiert bei Regen die ausgedörrte Erdkrume der Karoo: All die Samen der Sukkulenten-Flora, die die Trockenheit überlebt haben, beginnen dann blitzschnell zu keimen, und ein bunter, surreal anmutender Blütenteppich überzieht für ein paar Tage das sonst trockene Land.

Oben: In den wildzerklüfteten Zederbergen lassen sich traumhafte Wanderungen unternehmen. – Mitte: Das Leben in den Zederbergen am Westkap wird in zahlreichen Zeichnungen der Buschleute dargestellt, die dort früher in karger Landschaft ein Auskommen fanden. – Unten: Schakal

Südafrikas Wüsten

Von Sterneguckern und blühender Flora im Sand

Karoo National Park – Kalahari – Kimberley – Augrabies Falls – Upington – Namaqualand

Die beeindruckendsten Ausprägungen der Karoo-Landschaften konzentrieren sich im Karoo National Park, garniert mit Bergzebras, Kudus, Eland-Antilopen, Spring- und Gemsböcken. Ein Besuch des Parks lässt sich mit einem Abstecher von der Garden Route (von Mossel Bay oder George aus) bewerkstelligen. Die Strecke über den 1438 Meter hohen Swartberg-Pass führt vorbei am Zentrum der Straußenzucht, Oudtshoorn, und jenseits des Passes zum malerischen Bergort Prince Albert. Wer vom Charme der Großen Karoo infiziert ist, gönnt sich im hübschen Matjesfontein eine Nacht im Lord Milner Hotel und lässt den Trans Karoo Express von Kapstadt nach Johannesburg und Pretoria getrost weiterfahren, um einen Abstecher nach Graaff-Reinet zu machen: Die viertälteste Stadt Südafrikas wurde 1786 gegründet und gilt als eine der schönsten des Landes.

Neben der Großen gibt es noch eine Kleine Karoo, ein Längstal, das im Norden von der trockenen Großen durch die über 2000 Meter hohen Witteberge, die Kleinswartberge und die Grootswartberge abgetrennt wird. Im Süden blockieren die Outeniqua-Berge und die Langeberg Mountains den Zugang zum Indischen Ozean. In der wüstenähnlichen Landschaft weht nur selten der Wind, weshalb Temperaturen meist höher gefühlt als gemessen werden. Trotz großer Hitze im südafrikanischen Sommer ist die Kleine Karoo ein idealer Lebensraum für seltene Pflanzen und Tiere, und durch geschickte Bewässerung werden neben Tabak sogar Obst, Gemüse, Weintrauben und Getreide angebaut.

Steaks aus Oudtshoorn

Ebenfalls hervorragend gedeiht Struthio camelus, der Strauß. Er ist ein sonderbares Tier: ein schneller Vogel, der nicht fliegt, mit 4 Meter langen Schritten aber locker 50 Stundenkilometer erreicht, die er, wenn

Links: Gemsbock – Rechts: Selten, aber schön sind die roten Sanddünen des Kgalagadi Transfrontier National Park.

es sein muss, eine halbe Stunde lang durchhält. Hat er es mal richtig eilig, kann er sogar auf 80 Stundenkilometer kommen! Ein Straußenhahn wird 2,50 Meter groß und 150 Kilogramm schwer, und das alles auf Beinchen, die so lang und so dünn sind wie sein Hals. Wohlverdient ehelicht so ein Tausendsassa gleich mehrere Hennen, die er auch noch dazu kriegt, einträchtig ihre Eier ins gleiche Nest abzulegen.

Und das Markenzeichen der südafrikanischen Tierwelt zeigt noch eine Menge anderer Kuriositäten; Merkwürden hat weder Kropf noch Zähne und schluckt an festen Bestandteilen alles, was sich finden lässt, um damit im Magen seine Nahrung zu zerkleinern. Sogar Sonnenbrillen sollen schon in Straußenmägen gefunden worden sein, wenngleich in Anbetracht seines Lebensraums die äußerliche Anwendung angebrachter wäre. Strauße können außerdem kilometerweit scharf sehen, was plausibel erklärt, warum sie Brillen lieber schlucken als tragen. Seine schönen, langen Wimpern sind in Wahrheit sanfte Federn, die Füße bestehen aus nur zwei Zehen, die allerdings gefährliche Krallen tragen und zu gefährlichen Killerwerkzeugen mutieren, wenn Gefahr droht und

die Vogel-Strauß-Methode – den Kopf in den Sand stecken – nicht besonders hilfreich erscheint. Vor allem das schwarz-weiß gefiederte Männchen kann sich vehement zur Wehr setzen: Sogar Elefanten und Löwen sollen vor ihm zurückweichen. Die schlicht

in Erdbraun gehaltenen Weibchen wenden bei Gefahr dagegen eher die bekannte Taktik des Abtauchens an. Und nicht zuletzt kann der Strauß gänzlich ohne Wasser auskommen, weil ihm die Flüssigkeit seiner kleinen Beutetiere oder von Früchten und wasserhaltigen Sukkulenten, die er verzehrt, vollkommen ausreicht.

Wer nun glaubt, die seltsame Kreatur liefe in hohem Tempo wild durch trockene Halbwüstenlandschaften (wo sie eigentlich ja auch hingehört), erfährt: Nur 10 Prozent aller Strauße in Südafrika genießen dieses Privileg. Die Mehrheit der rund 600 000 Riesenvögel lebt aber in Aufzucht, wie in Neuseeland die Schafe, und beliefert die Schlachthöfe mit Nachschub. Das hat seit 1838 eine Geschichte. Zu Beginn des 19. und 20. Jahrhunderts waren vor allem Straußenfedern-Boas als Mode-Accessoires gefragt, und die herrlichen Federn wurden in den fernen Erdteilen zu begehrten Objekten. Dokumentiert ist, dass Südafrika damals pro Jahr 0,5 Millionen Kilogramm Federn exportierte, was wegen der Null vor dem Komma nach sehr wenig klingt, aber in Wirklichkeit eine Menge Volumen bedeutet: Die sogenannten Straußenbarone der Kleinen Karoo wurden durch Federn steinreich.

Goldrausch der Federn

Ihr Wohlstand lässt sich in Oudtshoorn heute noch bestaunen, in Form prunkvoller Villen, der sogenannten »Feder-Paläste«. Nach dem Ersten Weltkrieg hatte die zivilisierte Welt andere Sorgen, und die Straußenfedermode verebbte; heute dienen die Zuchtstrauße auf den rund 200 Straußenfarmen in der Region hauptsächlich der Fleischproduk-

Links: Die bizarre Landschaft des nahe gelegenen Valley of Desolation –
Rechts: Über 200 historische Gebäude versammelt das Karoo-Städtchen Graaff-Reinet.

tion. Das fett- und kalorienarme und beinahe cholesterinfreie Straußenfleisch kommt einem gesundheitsbewussten Essverhalten entgegen und schmeckt zudem wie ein gutes Rinderfilet. Auch Straußeneier, die übrigens so hart sind, dass man sich ohne Bedenken draufstellen kann, sind gefragt: als Souvenirkuriositäten die Schalen, in der Küche der Inhalt, wobei die bis zu 1,5 Kilogramm schweren Gelege dem ernährungsphysiologischen Gegenwert von 25 Hühnereiern entsprechen. Hinzu kommt, dass Straußenfleisch und -eier frei von Medikamenten und anderen Zusätzen sind. Eine Massenzucht der Tiere in engen Käfigen wäre undenkbar, weil der kuriose Vogel auf Stress sehr sensibel reagiert, zuweilen gar mit Herzinfarkt. Längst hat die Aufzucht der Laufvögel weltweit an Popularität gewonnen; allein in den USA und China werden Hunderttausende Tiere gezüchtet, und der einträgliche Wirtschaftszweig hat sich auch schon in Europa und Australien etabliert. Nicht nur das Fleisch der Strauße, sondern auch die Nebenprodukte lassen sich bestens vermarkten: Aus der Haut werden edle Taschen, Schuhe und andere Lederartikel hergestellt, die zu Pulver zermahlenen Krallen sind in Ostasien als potenzsteigerndes Mittel gefragt, die Knochen werden zu Tiermehl verarbeitet. Von einem Strauß bleibt nichts ungenutzt übrig.

Und natürlich vermarkten die Straußenfarmen auch sich selbst; im Halbstundentakt finden auf den Zuchthöfen Führungen statt. Wer mag, kann auf einem Straußenei balancieren, um zu sehen, ob es tatsächlich nicht bricht, und Straußenreiten und -rennen sind die unbestrittenen Highlights jeder Besichtigung. Am Ende öffnen die farmeigenen Souvenirshops ihre Pforten und bedienen von der Designerhandtasche bis zum beleuchteten Lampen-Ei die gesamte Produktpalette.

Die Kalahari

Dort, wo sich das zentrale Hochland zum sogenannten Bushveld oder Lowveld absenkt, weiter oben im Norden, nach Namibia und Botswana hin, beginnt die Kalahari. In den riesigen Gebieten am Rand der Northern Cape Province bedecken dicke Lagen rötlichen Sandes weite Ebenen, die im südafrikanischen Sommer vor Hitze flimmern. Das

Links: Zucht-Strauße – Unten: Erdmännchen leben in Kolonien von bis zu 30 Individuen. – Oben: Hübsche Straußen-Baron-Villa in Oudtshoorn

Oben: Salzpfanne am Rande der Kalahari (unten) –
Rechts: Karkasse eines Tausendfüßlers

kann unangenehm werden, vor allem, wenn glühend-heiße Sandstürme über das ausgetrocknete Land ziehen. Die Kalahari-Wüste gilt als das größte zusammenhängende Sandgebiet der Welt, mehr als dreimal so groß wie Deutschland. Sie verteilt sich auf die drei aneinandergrenzenden Länder Südafrika,  Botswana und Namibia. Ihre gewaltigen Sanddünen können eine Höhe von bis zu 20 Metern erreichen und beeindrucken ihre Betrachter vor allem mit extrem wechselnden Farbspielen, die zu den spektakulärsten visuellen Erlebnissen der Region zählen. Dies ist die Heimat der San-Buschmänner sowie tausender Wildtiere. Sogar die seltenen Geparden zeigen sich dann und wann und – mit viel Glück – die besonders prachtvollen Kalahari-Löwen.

Bewahrer steinzeitlicher Kultur

Die Buschmänner gelten als die eigentlichen Ureinwohner des südlichen Afrikas. Während die viehzüchtenden »Hottentotten«, die Khoikhoi, die Küstengürtel bevölkerten, lebten die San in steinzeitlicher Kultur als Sammler und Jäger im Landesinneren. Vor 3000 Jahren reichte ihr unermesslich riesiger Lebensraum vom Atlantik bis zum Indischen Ozean und vom Kap bis nach Ostafrika. Zeugnisse ihrer Geschichte finden sich in zahlreichen prähistorischen Felsmalereien, die Bilder aus ihrem Alltag zeigen, Darstellungen von Jagdszenen, Figuren, Werkzeugen und Tieren. Von der Forschung wird das Alter der Zeichnungen auf 500 bis 10 000 Jahre geschätzt. Die friedlichen Urvölker wurden zwar auch von aggressiveren Stämmen, zum Beispiel den Zulus, bedrängt, aber erst die fortschreitende Kolonialisierung verjagte sie vollends aus ihrem angestammten Lebensbereich. Zu Beginn des 20. Jahrhunderts noch vom Aussterben bedroht, finden sich die San heute ausschließlich auf dem Gebiet der Kalahari, vornehmlich auf namibischem und botswanischem Territorium. Bis zu 200 000 Buschmänner, so die Schätzungen, sind in den ersten beiden Jahrhunderten weißer Kolonisation umgekommen, 70 000 bis 100 000 soll es heute noch geben. Auf südafrikanischer Seite halten sich nur ein paar Hundert an den Parkrändern des ehema-

ligen südafrikanischen Gemsbok National Park (der heute zusammen mit dem botswanischen Teil den Kgalagadi Transfrontier Park bildet) auf, aus dem sie seit dessen Gründung Anfang der 1930er-Jahre weitgehend vertrieben worden sind.

Soziale Verwerfungen

»Chief of the Bushmen« David Kruiper lebt mit seiner Sippe in der Nähe von Molopo, nicht weit von seinem Stammesgebiet, das nun hinter den »Park Gates« bei Twee Rivieren liegt. Es ist zwar erst Mittag, aber ein paar seiner Buschmänner halten sich schon an Bierdosen fest. Der »Chief« erklärt, dass die meisten San im Jahr 1970 zwangsumgesiedelt wurden, ins nordöstlich gelegene Reservat »Bushmanland«. Dort gebe es zwar feste Häuser von der Regierung, eine Krankenstation mit Arzt und so weiter, aber er selber wolle mit seinen Leuten lieber in der Nähe der alten Heimat bleiben.

Die meisten der San sind kulturell massiv entwurzelt. Manche verdingen sich als Tagelöhner auf Farmen, andere produzieren Souvenirs für Touristen oder erbetteln sich ein paar Rand als Fotomotive – wobei sie für gewöhnlich eine bessere Erfolgsquote verzeichnen, wenn sich ihre Frauen den fotografierenden Touristen barbusig präsentieren … Einige Lodges bieten romantische Übernachtungsprogramme in den riesigen Dünen der Kalahari an, für welche die naturkundigen San-Männer (»Spend a night with a bushman« heißen Aktivitäten wie diese) gefragt sind. Ihren Wurzeln am nächsten und deshalb beinahe schon privilegiert verdienen sich andere ihren Lebensunterhalt mit ihren traditionellen Fähigkeiten als Fährtenleser in Game Parks und auf Safaris. Zu Apartheid-Zeiten wurde in der südafrikanischen Armee sogar ein Bushman-Bataillon geführt, was tausenden San-Familien Einkommen und sozialen Status verschaffte.

Heute bleiben für viele nur noch sehr schmale Existenzränder, übermäßiger Alkoholkonsum und der damit einhergehende soziale Niedergang stellen ein großes Problem dar – nicht unähnlich dem Schicksal anderer Minderheiten, wie den australischen Aborigines, den nordamerikanischen Indianern oder den Eskimos. Jahrtausende hat die Kultur dieser

Links und oben: Die San von Südafrika leben in der Wildnis und von ihr. –
Unten: Die Kultur der Khomani-San gilt als die älteste der Menschheit.

kleinwüchsigen Menschen, die sich in einer Sprache aus eigentümlich klingenden Schnalz- und Klicklauten verständigen, überlebt. Mit der Natur im Einklang, hatten sie weder feste Behausungen noch kannten sie Vorratshaltung oder Besitz, dafür aber über 200 Kräuter, die sie zielsicher in der kargen Wüstenvegetation aufspüren konnten. Ihr Wissen um die lebensfeindliche Umwelt machte sie stark.

Inzwischen hat sich bei den San Widerstand formiert. Viele vermuten für ihre Ausgrenzungen und Umsiedlungen aus den ehemaligen Jagd- und Lebensgebieten nicht nur den Tierschutz als Grund, sondern Bodenschätze, die möglicherweise unter dem Wüstenland liegen. Menschenrechtsanwälte bemühen sich in langwierigen Verhandlungen, den San wieder zu eigenem Land zu verhelfen, was in einigen Fällen auch schon gelang.

Das Loch in der Wüste

An den Ausläufern der südlichen Kalahari lässt sich eines der größten Tierumsiedlungsprojekte bestaunen, die Afrika je gesehen hat, und auf

dem Weg dorthin liegt das größte Loch der Welt. 800 Meter tief und 500 Meter breit ist der von Menschenhand gegrabene Krater. Zwischen 1871 und 1914 schafften Diamantenjäger 22,6 Tonnen Abraum hier weg, mit einer Gesamtausbeute von 14,5 Millionen Karat! »The Big Hole« machte die Diamantenmetropole Kimberley sehr reich,

wenngleich die Umstände für die schuftenden Minenarbeiter alles andere als rosig waren: Es herrschte Wassermangel, und Kanalisation blieb für die rund 50 000 Glücksritter in ihren Hütten und Zelten ein Fremdwort. Aber es gab schon eine richtige Straßenbahn, die heute immer noch fährt, sowie elektrisches Licht, während Johannesburg gerade erst gegründet wurde. Kimberleys Wohlstand ist heute noch an seinen stattlichen Villen abzulesen, in denen einst die Diamanten-Barone residierten. Cecil Rhodes kaufte um 1888 eifrig Claims auf, bis beinahe alles in der Hand seiner Minengesellschaft De Beers war. Aber nicht nur Diamanten waren das große Geschäft der Region, auch Kupfer, Eisen, Asbest, Magnesium und andere wertvolle Rohstoffe wurden in unvorstellbaren Mengen an die Oberfläche befördert.

Heute bietet die Stadt neben ihrem »Big Hole« interessante Ausstellungen, vor allem über die gesamte Bergwerksthematik (Kimberley Mine Museum), sowie Diamanten in allen Variationen (De Beers Hall), bemerkenswerte Büchersammlungen (African Library) und erlesene Kunstschätze in Galerien. Und das Oppenheimer House natürlich, ohne dessen Besuch ein Aufenthalt in der Diamantenstadt nicht denkbar wäre. Es wurde von Ernest Oppenheimer, der aus Friedberg in Hessen stammte und als erster Bürgermeister die Geschicke Kimberleys lenkte, in der Lodge Road Nr. 7 in Auftrag gegeben. 1929 übernahm Papa Oppenheimer die Leitung von De Beers, Sohn Harry folgte ihm nach und wurde zu einer der großen Figuren im südafrikanischen Diamantenkartell.

Links: »The Big Hole«, das größte von Menschenhand gegrabene Loch der Welt –
Rechts: Rosafarbene Flamingos in Kamfers Dam

Renaturierung: neue alte Wildnis

Inzwischen führt eine Spur der Oppenheimer-Familie auch nach Hotazel. Dort taucht nach einer Fahrt auf sandiger Piste Tswalu auf, eines der wagemutigsten Experimente hinsichtlich der Zukunft der afrikanischen Wildtiere, das ausgerechnet der Fantasie eines Großwildjägers entsprang. Der britische Multimillionär Stephen Boler hatte sich zum fanatischen Tierschützer gewandelt, als er merkte, dass seine geliebten Nashörner in Afrika immer weniger wurden. Er begann, entlegene Farmgebiete an den Ausläufern der Kalahari aufzukaufen, bis er eine riesige Fläche zusammenhatte. 28 Farmhäuser wurden abgetragen, 982 Kilometer Zäune eingerissen, 2300 Strommasten, 38 Wasserbehälter aus Beton, 200 Kilometer Straßen und 10 000 Stück Vieh mussten dem Renaturierungskonzept weichen. Bolers Traum, die Wildnis wieder auferstehen zu lassen und das Land den wilden Tieren zurückzugeben, war der Verwirklichung nahe. Für rund 7 Millionen Dollar kaufte Boler 1100 Springböcke, 1100 Gnus, 420 Kudus, 650 Oryx- und Elandantilopen, 250 Zebras und tausende weitere große Wildtiere. Seine sieben Löwen entwickelten schnell eine Vorliebe für die Zebras und die seltenen Antilopen, die mit 10 000 Dollar pro Tier zu einer kostenträchtigen Löwen-Delikatesse wurden. Die Krönung des Großeinkaufs waren acht Spitzmaulnashörner (zu einem Gesamtpreis von 560 000 Dollar), von denen es weltweit nur noch ein paar hundert gibt.

Derartig exotische Einkäufe lassen sich ganz regulär tätigen im »Super-markt der Tiere«, den Game Auctions, die im Kruger National Park, in Kuruman, in Natal, in Namibia oder auch in Botswana abgehalten werden. Wenn Andrew, der Ranger, mit dem Flugzeug über Tswalu schwebt, ist das für ihn immer wieder ein besonderes Erlebnis: die endlose Weite der Kalahari von oben, die pittoresken Ketten der Korannaberge ringsum und dazwischen eine faszinierende Tierwelt in Bewegung. In Wirklichkeit steht hinter der Romantik solcher Momente

Links: Gnus in der Kalahari. Männchen und Weibchen bilden gewöhnlich getrennte Herden. – Rechts: Strauße in der Karoo beim Grasen.

die nüchterne Aufbereitung von Bestandslisten für anstehende Verkäufe. Überzählige Tiere, die das fragile Ökosystem nicht trägt, werden für die Großwildjagd freigegeben oder von professionellen Capture Teams eingefangen und dann veräußert. Um festzustellen, wann die biologische Balance zu kippen beginnt, haben Reservate über Jahrzehnte hinweg ihre eigene Wissenschaft entwickelt. Mithilfe mühsamer Feldforschung wird die Botanik eines Gebiets bis ins Kleinste analysiert, um dann deren Tragfähigkeit mit dem Energiebedarf pro Kilogramm und Tiereinheit abzugleichen. Bei durchschnittlichen Regenfällen erwirtschaftet Tswalu jährlich einen Überschuss von 15 Prozent, was sich in hunderttausenden Dollar auf der Einnahmeseite niederschlägt. Auch kontrollierte Abschüsse zur gezielten Dezimierung des Tierbestandes bringen Geld in die Kasse: Ein Büffel etwa schlägt mit bis zu 20 000 Dollar zu Buche.

Biologisches Gleichgewicht und Ökonomie
Wenn der Ranger im Cockpit seine Runden dreht, werden auch Löwen, Hyänen, Giraffen, Geparden und Nashörner gelistet, um sicherzugehen,

Sekretärvogel (rechts), Springböcke (oben) und Gnus (unten) in der Kalahari –
Das biologische Gleichgewicht zu halten ist eine fragile Unternehmung.

dass keine der Preziosen ausgebrochen ist. In der Regel verhindern dies 586 Kilometer Zäune mit bis zu 9500 Volt Spannung. Nur die Leoparden ließen sich von der aufwendigen Elektrik nicht beeindrucken, bemerkt Andrew, und wuselten sich trotzdem manchmal durch.

Mit seinem Experiment hat Boler für den Arterhalt der Wildtiere neue Maßstäbe gesetzt, stets nach der Maxime, dass Mehrwert nur durch Investitionen machbar ist, womit der zusätzlich zu schaffende Lebensraum für die Tierwelt gemeint ist. Renditen steuern Kapitalströme, selbst in der Wüste. Das Tswalu-Reservat finanziert sich anteilig aus den Erlösen, die mit Fotosafaris, Ökotourismus und Jagdgästen erzielt werden, sowie aus einträglichen Tierverkäufen aus Zucht und Überschüssen. Es stellt Hunderte von Arbeitsplätzen und verhilft bedrohten Arten zur Fortpflanzung unter menschlichem Schutz. Zweiflern, denen Elektrozäune, künstliche Wasserstellen, tierärztliche Betreuung und Hubschraubereinsätze ein flaues Gefühl bereiten, pflegte der unermüdliche Motor der Tswalu-Arche mit auf den Weg zu geben, dass ohne ökonomischen Input ökologischer Output nicht möglich ist.

Und auf Tswalu – da hatte er recht – gab es lange keine wilden Tiere mehr, heute tummeln sich hier über 12 000 Exemplare. Sie werden jetzt sogar auf Tswalu gezüchtet und in alle Teile Afrikas exportiert, dorthin, wo begehrte Spezies längst ausgerottet sind.

Etwas abseits von Tswalus Luxus-Lodge liegt Bolers Privatdomizil, dem der Hausherr auf tragische Weise abhanden kam. Als sein Flugzeug im Oktober 1998 auf der 1500 Meter langen Landebahn ausrollte, sollte dies die letzte Landung in seinem geliebten Tierparadies gewesen sein: Mit 55 Jahren ereilte Boler im Zentrum seines Lebenswerks ein Herzinfarkt.

Bolers Vermächtnis an die afrikanische Wildnis hat mit Nicky Oppenheimer eine der reichsten Familien in ganz Südafrika übernommen. So war es vorher schon abgemacht, denn einen besseren Garanten für sein Projekt hätte Boler nicht finden können.

Gemeinsamer Kalahari-Park

Bis zum Gate des Kgalagadi Transfrontier Park, des ersten »Parks ohne Grenzen« im südlichen Afrika, ist es von Tswalu aus nicht weit. Große Raubkatzen, steinzeitliche Buschleute, sandrote Dünenfelder und säbelgehörnte Antilopen beleben die flirrende Hitze. Am Abend blutet die Wüste in exklusiven Rotfarben, während die Sonne langsam versinkt.

Als Schattenrisse tauchen Büsche und Bäume aus dem zunehmenden Pastelllicht auf. Webervögel schwirren wie verrückt um ihre riesigen, klobigen Nester herum, die dunkel im Gegenlicht von ihren Wirtsbäumen hängen. Eiseskälte breitet sich schnell aus. »The Song of the Kalahari« nennen die Park-Ranger dieses beinahe außerirdische Drama, das sich allabendlich wiederholt.

»Ervaar die Wonderwereld van die Kalahari«, lesen Neuankömmlinge über die »dorstige Woestyn«, wenn sie sich in einem der drei Camps Mata Mata, Nossop und Twee Rivieren auf südafrikanischer Seite anmelden, um im eigenen Wagen auf Safari zu gehen, »plante, diere, voëls en insekte perfek aangepas in'n unieke eko-sisteem.« Auch überlebenswichtige Verhaltensregeln sind für die Wildnisbesucher gelistet: Wer hier unvorsichtigerweise aussteigt und sich fototechnisch zwischen einer Puffotter und einem Kalahari-Löwen nicht schnell genug entscheidet, hat die Anpassung ans Ökosystem versäumt.

Besucher der Kalahari, die über rötlich glühende Sandberge und fotogene San-Frauen hinaus schnell Spektakuläres erwarten, könnten allerdings enttäuscht werden. Eine monotone, vertrocknete Landschaft brütet in großer Hitze erstarrt vor sich hin, es sei denn, ein paar Springböcke oder Antilopen hüpfen, vom Motorenlärm aufgeschreckt, von der Fahrpiste. Entlang der beiden Trockenflüsse Auob und Nossob, die so gut wie nie »flüssig« sind, bieten Wasserbohrlöcher mit sinnfälligen Bezeichnungen wie Lekkerwater und Dankbaar eine Chance, Tiere aus

Links: Seltene Felsgravuren (Petroglyphen) in der Region um Kenhardt am Nordkap. – Rechts: Die Region um den Augrabies National Park ist geprägt von vielen Hochplateaus.

der Nähe zu sehen; Strauße, Sekretärsvögel und Braunadler lassen sich blicken, aber von Geparden und Löwen findet sich in der Hitze des Tages meist keine Spur. Diesen begegnet man des Nachts, wenn außerdem Weißgesicht-Ohreulen, Schleier- und Zwergohreulen sowie Perlkauze auf die Jagd gehen.

Labsal am Wüstenrand

Nur wenige Fahrstunden südlich der trockenen Kalahari gibt es Wasser satt: Die Augrabies Falls lassen den Oranje-Fluss mit 50 000 Kubikmetern pro Sekunde 56 Meter in die Tiefe stürzen. Bei der Hochwasserflut 1988 drückte der Oranje sogar unvorstellbare 7,8 Millionen Kubikmeter pro Sekunde durch die Schluchten – eine Traumvorstellung angesichts der kargen Wüstenlandschaften des Nordens! Die Fälle zählen zu den sechs größten der Welt neben Giganten wie Niagara und Victoria Falls; in mehreren Kaskaden rauschen die Wassermassen insgesamt 190 Meter abwärts, wobei die Sprache der Buschmänner die Augrabies Falls treffend als »Ort des großen Lärms« beschreibt. Atemberaubende Wildwas-

serfahrten durch die kilometerlangen Canyons des Oranje lockte sogar schon die »Camel White Water Trophy« an diesen tosenden Wasserspielplatz.

Außer seinen donnernden Fällen hat der Augrabies Falls National Park die mondähnliche Steinlandschaft seines Moon Rock zu bieten, dessen wildzerklüftete, bizarre Felsformationen aus rötlichem Gneis und schwarzem Granit scharenweise Besucher anlocken. Extrem hohe Temperaturunterschiede – die Oberfläche des Mondfelsens erhitzt sich im Sommer schnell auf bis zu 70 Grad Celsius – haben zu Verwitterung und diese wiederum zu diesen skurrilen Gebilden geführt.

Lebensqualität am Oranje

Gleich nebenan warten nach all der rauen Wildnis zivilisatorische Annehmlichkeiten der gediegenen Art: Das 1871 als Missionsstation gegründete Provinzhauptstädtchen Upington konnte sich an den fruchtbaren Flusslandschaften des Oranje durch ausgedehnten Anbau von Wein (und damit verbundenen Traubenexport) sowie von Obst,

Getreide, Datteln und Baumwolle aus-
reichenden Wohlstand erwirtschaften.
Während draußen am Horizont die ausge-
dörrten Wüsten in bulliger Hitze flirren,
sorgen Upingtons Bewässerungssysteme
für paradiesische Kontraste. Das schönste
Ambiente bietet das Oranje-Nordufer,

an dem sich exquisite Country-Home-Gästehäuser mit
feinem, antiquitätenlastigem Interieur in liebevoll restaurierten Villen
im georgianischen Stil etabliert haben. Überbordende Gärten erstrecken
sich bis an den großen Fluss heran, der seine naturbelassene Wasser-
welt wie auf der Filmleinwand vorführt. Und abends am kuscheligen
Kaminfeuer fühlt man sich hier wirklich wie Tania Blixen. Auf jeden
Fall mittendrin in »Out of Africa«.

Namaqualand und Zederberge

Die knapp 900 Kilometer von Upington über Springbok nach Kapstadt
lassen sich notfalls an einem einzigen Tag bewältigen. Die halbwüsten-
artige Landschaft ist karg, im Sommer hitzeflimmernd und dennoch
für Individualisten magnetisch – hier, im Namaqualand, einer der am
dünnsten besiedelten Regionen in Südafrika, lässt sich ein Fahrabenteuer durch endlose Weiten verwirklichen ohne größere Vorbereitungen
oder Vierradantrieb.

Springbok, Hauptstadt des Namaqualands, entstand Mitte des
19. Jahrhunderts am Rand einer riesigen Kupfermine und ist heute die
Metropole der nördlichen Wildblumengebiete. Einmal im Jahr (meist
zwischen August und Oktober) erwacht die graubraune Einöde, wenn
es genügend Winterregen gibt, und ein bunter Blumenteppich schießt
explosionsartig aus dem vertrockneten Erdboden.

An die 400 Pflanzenarten, sowohl ein- als auch mehrjährige, darunter
Gänseblümchen, Aloen, Schwertlilien und Amaryllis, sind an dieser
Farborgie beteiligt.

Links: Der Augrabies Fall stürzt auf einer Breite von bis zu 150 Metern 56 Meter
in die Tiefe. – Rechts: Naturschauspiel Gewittersturm in der Region

Mit etwas Glück ist im nahe gelegenen Geogap Nature Reserve nicht nur diese wundersam blühende Halbwüstenvegetation zu sehen, sondern man bekommt auch Antilopen, Bergzebras und seltene Vögel zu Gesicht. Eine Fahrt auf der Panoramastraße zwischen Springbok und dem 75 Kilometer südlich gelegenen Kamieskroon – das hiesige kuriose »Kamieskroon Hotel« ist der Treffpunkt für Fotografen und Blumenfans – verwandelt sich während der Blütezeit in einen märchenhaften Blumentraum.

Durch die Heimat von Ceres

Die Rückfahrt nach Kapstadt sollte bei Citrusdal in jedem Fall erst einmal enden, denn dort könnten sich die beeindruckenden Gegensätze zum vorher Erlebten nicht intensiver darstellen: Sprudelnde Wasserfälle, saubere Bergflüsse, leuchtende Berghänge und glasklare Luft gestalten ein wahres Eldorado für Naturfreunde, Wanderer und Weinliebhaber, die rund um die Cederberg Wilderness Area weitläufige Südfruchtplantagen besichtigen können. Ein Drittel aller Kap-Orangen kommen aus der Region von Ceres, dem Hauptort der Gemeinde Witzenberg, der seine Namensanleihe von der römischen Göttin des Ackerbaus gleich durchgereicht hat an die bekannte südafrikanische Fruchtsaft-Company »Ceres«, deren Tetrapaks nicht mehr von hier wegzudenken sind.

Vor der letzten Etappe zum Kap kann man noch auf der Weinroute entlang des Olifants River vergorenen Rebsaft verkosten und die wilde Natur der Cederberg Wilderness Area genießen, deren Höhepunkt der 2028 Meter hohe Sneeuberg ist. Leider sind die prachtvollen Clanwilliam-Zedern, die dem Naturschutzgebiet einstmals seinen Namen gaben, nur noch in geringen Restbeständen vorhanden.

Atlantische Badefreuden sind eher selten zu erleben, denn ähnlich wie an den namibischen Stränden ist aufgrund des eisigen Benguela-Stroms das Wasser viel zu frisch. Wer Badeshorts und Bikini ausprobieren will, fährt besser ums Kap herum, zum Indischen Ozean.

Links: Felszeichnungen am Westkap – Oben: Die Cederberg Wilderness Area –
Unten: Der Fluss Oranje im Richtersveld National Park

Johannesburgs Schatzkiste

Der Busfahrer, der mitten im Zentrum mit geöffneten Türen auf einem Parkstreifen hält, um auf das Zusteigen des Johannesburger Stadtführers zu warten, wird seine ausländischen Fahrgäste keinen Meter auf den Bürgersteig hinauslassen. Noch nicht einmal für ein kurzes Foto, wenngleich das Leben ringsum pulsiert und Menschen aller Hautfarben und Rassen vollkommen unbehelligt bleiben? »Das sieht doch hier jeder«, lacht der Mann hinter dem Steuer und lässt dabei seine weißen Zahnreihen blitzen, »dass ihr Touristen aus Übersee seid!« Im Allgemeinen wollen Besucher sowieso nur im Schnelldurchgang Soweto ab- und in eine Show-Goldmine einfahren, danach vielleicht noch das außerirdische »Sun City«, das afrikanische Las Vegas, besuchen, und dann nichts wie ab in den Kruger National Park.

Oben: Ein Elefant im Fluss Olifant, Kruger National Park – Unten: Trinkende Giraffe am Wasserloch – Mitte: Nicht nur im Kruger National Park, sondern auch in vielen Schutzzonen ist die Romantik der afrikanischen Wildnis in traumhafter Natur zu erleben.

Johannesburg

Johannesburgs Schatzkiste

The City of Gold

Johannesburg – Pretoria – Sun City – Waterberg Mountains – Kruger National Park

Ob Nachtleben, lebendige Musikszene (Jazz im »Bassline Jazz Club«, Rhythm and Blues im »Blues Room«), Kunst und Galerien, Shopping, Kneipen oder Gourmet-Restaurants – alles scheint Jo'burg im Überfluss zu haben. Jede Menge edle Einkaufsstraßen in den Malls konkurrieren mit den bunten afrikanischen Märkten, die sich downtown auf den Plätzen und Trottoirs ausbreiten.

Eine Portion des typisch afrikanischen Pap (Maisbreis) im Stehen, eine Schale Muschelsuppe mit frittiertem Seetang, oder doch lieber ein fürstliches Dinner in einem der feinen Restaurants, deren Reservierungsnummern in den besseren, videoüberwachten Wohngegenden neben dem Telefon aufgespickt sind?

»The Royal Johannesburg and Kensington Golf Club« etwa gehört ebenso zum Image der Stadt wie die Ghettos der Townships, die Jo'burg

auch im Überfluss hat. Und so stellt sich Besuchern mit wenig Zeit durchaus die Frage, ob sie nun eher Soweto buchen oder das Planetarium auf dem Campus der University of the Witwatersrand bestaunen möchten.

City of Gold

Interessant ist ein kurzer Blick ins Jo'burger Geschichtsbuch: 1904 gab es die Stadtrechte, ein Jahr später zählte man im ehemaligen Goldgräbernest, das seit 1886 im Goldrausch fieberte, schon 150 000 weiße Einwohner und doppelt so viele schwarze. Der gehörige Zuzug innerhalb weniger Jahre muss schreckliche Verhältnisse hervorgebracht haben, wobei individuelle Glücksritter, die ihre Zelte und provisorischen Hütten in der Savanne aufgestellt hatten, noch am besten dran waren. Die meisten der Nicht-Weißen kamen als Kontraktarbeiter in die Minen nahe der Stadt und lebten unter erbärmlichen Umständen in Elendsquartie-

Links: Die Ndebele tragen reich verzierte Trachten. –
Rechts: Der Blyde River Canyon aus der Vogelperspektive

ren. Viele von ihnen wurden zur Arbeit in den Bergwerken gezwungen. Zwei Regierungsangestellte, die Pretoria ins chaotische Gold-Eldorado schickte, um für Ordnung zu sorgen, hießen beide zufällig Johannes. Mächtige Minengesellschaften entstanden, die das goldhaltige »Reef« gewinnbringend ausbeuteten. Längst war der große Goldrausch vorbei, doch das Geld blieb: Schnell avancierte die aufstrebende Stadt mit dem ausgezeichneten Klima auf 1752 Metern zur Handels- und Finanzmetropole Südafrikas, und, nach dem Fall der Apartheid, als Schmelztiegel aller Rassen und Hautfarben zur Hochburg einer neuen südafrikanischen Identität. Das aus Hunderten Stadtvierteln, Suburbs und Townships zusammengesetzte urbane Netzwerk ist mit seinen Hochhauspalästen längst zur Weltstadt gewachsen, die allerdings aufgrund ihrer Kriminalstatistik auch den schlechtesten Ruf weltweit hat. Aus der alten Zeit ist gar nicht so wenig geblieben, und es gibt sie noch, die kolonialen Zeugen in Stein: die National Bank (1890) und die City Hall (1910) in der Market Street, die alte Post (1897) in der Rissik Street, die Public Library (1935) in der Simmonds Street, das Victoria House, das Cuth-

berts Building, den Supreme Court
und das Market Building.

Aber beim besten Willen ist dabei
nicht mehr an Ochsengespanne
und Goldschürfer zu denken, weil
die Kontraste der Stadt zunehmend
an Schärfe gewinnen. Höchstens
an George Harrison (nicht verwandt mit dem Musiker),
der Johannesburgs Gold-Boom auslöste, weil er seine stark goldhaltige
Erzader voreilig für ein paar Pfund Sterling verkaufte, bevor er spurlos
verschwand. Wahrscheinlich fiel er einem Löwen zum Opfer – das trau-
rige Schicksal eines Abenteurers, der im großen Gold-Poker nicht hart
genug war und deshalb alles verlor. Immer noch reicht unter der Stadt
die Western Deep Levels Mine über 3000 Meter tief in den Untergrund,
und nicht weit von den modernen Spiegelfassaden der schnelllebigen
City türmen sich Milliarden Tonnen von Abraum auf.

Sister-City Pretoria

Die Dimensionen des ehemaligen Goldgräberlagers, das binnen 100 Jahren zur reichsten Stadt Afrikas wurde, lassen sich für eilige Besucher nur
oberflächlich erfassen, und zwar am besten visuell, vom Aussichtsdeck
»Top of Africa« im 50. Stockwerk des Carlton Centre. Von dort ließe
sich bei guter Sicht sogar auf das nur 50 Kilometer entfernte Pretoria
schauen, den Sitz der südafrikanischen Regierung. Die Hauptstadtperle
lebt vom Flair einer immer noch konservativen Beamten-Administra-
tion, wenngleich ihr eine Reihe von Universitäten wenigstens ein wenig
Schwung verleiht. Da die »halbe Hauptstadt« (das südafrikanische Parlament tagt nach wie vor in Kapstadt) auch mal eine ganze war, nämlich
die des ehemaligen Burenstaates »Suid-Afrikaanse Republiek«, hat sich
die koloniale Handschrift der »Voortrekker« in der Metropole erhalten.
Mittendrin steht er, Pretorias Ohm Kruger, der Vater der ehemaligen
Buren-Nation und der Begründer des gleichnamigen Parks, als wuchtige

Links: Die Kulturhauptstadt Johannesburg –
Rechts: Traditionelles und Handwerkliches bieten zahllose kleine Läden hier feil.

Sockelstatue auf dem Church Square, dem Herzstück der auf dem Reißbrett geplanten Stadt. Gleich dahinter liegt der »Oude Raadsaal« (1891), das Parlament der ehemaligen Burenrepublik, sowie der Justizpalast, dem Nelson Mandela seine Jahre auf Robben Island verdankt. Das monumentale Sandsteingebäude der Unions Buildings, das als Regierungssitz dient, ist mit seinen imposanten Kuppeltürmen zwar erst 1913 fertiggestellt worden, zählt aber zu den baulichen Preziosen der Stadt; drinnen verlas Nelson Mandela 1994 seine Antrittsrede als erster schwarzer Präsident der Republik Südafrika. Als architektonische Perle krönt das »Melrose House«, 1866 in feinem viktorianischen Stil errichtet, Pretorias koloniales Erbe. Prachtvolle Marmorsäulen, kunstvolle Bleiglasfenster und kostbare Mosaikböden machen das historische Gebäude zu einem der schönsten der Hauptstadt. Wer bombastische Historiendenkmäler mag, sollte unbedingt zum Voortrekker Monument hinausfahren, dessen Umfriedungsmauer ein in Beton gemeißeltes Relief aus 60 Ochsenkarren zeigt, das an die Schlacht am Blood River (1838) erinnert.

Fantastische Wirklichkeit

Neben den architektonischen Perlen aus der Ära des Buren-Staates »Suid-Afrikaanse Republiek« und den großzügig angelegten Jacaranda-Alleen haben die Hauptstädter ebenso wie die Jo'burger eine Menge attraktiver Urlaubsziele vor der Nase. Nur wenige Stunden von Johannesburg und Pretoria entfernt taucht erst einmal der größte Vergnügungspark auf, der jemals aus afrikanischem Wüstenboden gewachsen ist: »Sun City«. 1977 wurde das südafrikanische Las Vegas in die Savannenlandschaft des ehemaligen Homelands Bophuthatswana gestampft, und seither pilgern täglich Tausende in dieses achte Weltwunder, um funkelnde Luxushotels, glitzernde Kasinos und schrille Diskotheken zu erleben. Das Spaß-Eldorado bietet außerdem Kinos, Arenen für Pop-, Rock- und Sportveranstaltungen, Golfplätze, Extremsportarten, kurz: Abenteuer aller Art. Wer zwischen Black Jack und Roulette Wildtiere besichtigen will, kann dies im benachbarten Pilanesberg National Park

Links: Das Voortrekker Monument – Oben: Garden City und die Union Buildings in Pretoria – Unten: Blick auf die Skyline Pretorias

Oben: Der Blyde River Canyon nahe des historischen Goldgräberstädtchens Pilgrim's Rest (unten) – Rechts: Traumblick vom Aussichtspunkt »World's End« aus

gleich mit erledigen: Im Krater eines erlo-
schenen Vulkans findet sich das komplette
Sortiment der »Big Five« zwischen wild wu-
chernder Vegetation an den Steilhängen und
in den Schluchten. Wer die Fünf abgehakt
hat, kann getrost wieder ins Sündenbabel
zurück. Im Jahr 1992 ließ der Wüsten-

schloss-Erfinder Sol Kerzner, einer der reichsten Un-
ternehmer des Landes, seine tempelartige »Lost City« errichten, die an
den Mythos eines versunkenen afrikanischen Reiches anknüpft, und hat
damit – Disney World lässt grüßen – die perfekte Illusion inszeniert. Die
Krönung für Kerzners Vergnügungsvision wurde das Luxushotel »The
Palace«, gelegen inmitten eines künstlichen Regenwalds an einem herrlichen Sandstrand, von Wellen umspült, die es eigentlich gar nicht gibt.

Fünf-Sterne-Panorama vor der Haustür

Ein weiteres nahe gelegenes Ziel für Jo'burger und Hauptstädter sind die
Waterberg Mountains. Die 150 Kilometer lange Gebirgskette erscheint
mit ihren zerklüfteten Gipfeln aus der Ferne noch ganz sanft, doch beim
Näherkommen mutiert sie zu schroffen Felswänden und Auftürmungen
von über 2000 Metern. Auf dem Weg dorthin kann man Fotos in Heil-
bron und Frankfort schießen oder in die heißen Thermalquellen von
Warmbad steigen, die bei Gicht und Rheuma helfen sollen. Jenseits der
Waterberge folgt das private Naturschutzgebiet Lapalala Wilderness
Area, wo eine Menge Breit- und Spitzmaulnashörner, Büffel und Giraf-
fen die Savanne unsicher machen.
Liebhaber großartiger Ausblicke kommen (natürlich) auf der Panorama
Route auf ihre Kosten. Diese führt durch eine der schönsten Landschaf-
ten, die so ganz anders wirkt, aber eben auch »made in South Africa« ist.
Vom anheimelnd hübschen Forststädtchen Sabie geht es durch dichte
Kiefer- und Blue-Gum-Wälder bis zum 2115 Meter hohen Mauchsberg.
Irgendwo hier entspringt der Sabie River, der im benachbarten Kruger
Park Hunderttausenden Wildtieren als Tränke dient. Am Steilabfall der
Transvaaler Drakensberge entlang windet sich eine Strecke, deren Stati-
onsnamen schon Lust machen: Die Mac Mac Falls schicken rauschende

Wasserkaskaden 70 Meter in die Tiefe und werden beim lautstarken Spektakel nicht nur von den Lisbon und Berlin Falls unterstützt, zwischen Sabie und dem malerischen Ort Graskop am Kowyn's Pass bilden insgesamt acht Fälle unüberhörbar die »Wasserfall-Route«.

Die Tropfsteinhöhlen Echo Caves vor Pilgrim's Rest, der ältesten Goldgräbersiedlung Südafrikas, zeigen Felsmalereien der San. Mittendrin öffnen sich das »God's Window« und unglaubliche Ausblicke vom Rand des 1900 Meter hohen Plateaus in die endlosen Weiten tief unten. Ganz nebenbei darf sich in dieser grandiosen Landschaft auch der südafrikanische Straßenbau eine Portion Bewunderung abholen! In den Strudeln des Blyde River, der kilometerweit durch die sandsteinroten Schluchten seines Canyons rauscht und dabei 1000 Meter abfällt, mag zu Goldgräberzeiten mancher Desperado sein Glück in Form blitzender Nuggets gemacht haben, aber davon ist nur wenig überliefert. Und so stehen Besucher manchmal stumm und ergriffen vor den Gräbern des historischen Friedhofs in Pilgrim's Rest und studieren die wenigen Inschriften, die zu entziffern sind. Noch ein Tipp für Romantiker: Das Blyde River Canyon Nature Reserve ist in fünf Tagen zu durchwandern, übernachten kann man unterwegs in rustikalen Hütten, vor denen am Lagerfeuer die alten Zeiten der Pioniere und des Goldrauschs wiederbelebt werden …

Farbenpracht: Ndebele

Die Provinz Mpumalanga zeigt gerne ihre Frauen, genauer gesagt die des Stammes der Ndebele. Die Damen gelten als außerordentlich kunstfertig und schmücken sich mit bunten Trachten. Allerdings sind sie immer seltener in ihren angestammten Lebensräumen anzutreffen, sodass es sich für Besucher empfiehlt, eines der Ndebele-Museumsdörfer zu besuchen, etwa Kgodwana bei Pretoria oder Botshabelo bei Middelburg. Die Ndebele konnten sich trotz der Dominanz der weißen Besiedlung

Links: Ndebele-Frauen präsentieren stolz ihre Kunst. –
Rechts: Die Missionstation in Botshabele in der Provinz Mpumalanga

und der kriegerischen Zulus über Jahrhunderte hinweg eine eigene Identität bewahren, die sich in der besonderen Bauweise ihrer Hütten, der Farbenpracht ihrer Kleidung und dem Schmuck ihrer Frauen ausdrückt. Geometrisch angelegte Wandmalereien tragen sie kunstfertig mit den Fingern auf, ihre Perlenstickereien werden bewundert, und kaum eine Reisebroschüre kommt ohne ihre fotogenen Motive aus – ganz besonders nicht, seitdem die Ndebele-Künstlerin Esther Mahlangu eine bayerische Limousine bemalte, die heute im Münchner BMW-Museum steht.

Markstein des afrikanischen Tierschutzes

Bei der Vielschichtigkeit der im Rampenlicht stehenden Probleme Südafrikas treten die des Tierschutzes häufig in den Hintergrund. Aber was wäre dieses Land ohne seine wilden Tiere? Ohne dieses kostbare Erbstück der Evolutionsgeschichte, für das Südafrika 19 Nationalparks sowie zahllose Naturparks, Wildreservate und andere Schutzgebiete bereithält auf einer Gesamtfläche, so groß wie das Bundesland Bayern?

Links und rechts: Giraffen und Elefanten begegnen Selbstfahrern auf allen Routen.

Der frische Wind eines neuen Verständnisses von Tierschutz heißt Wirtschaftlichkeit und bedeutet, dass die staatlichen Parks finanziell auf eigenen Beinen stehen müssen. Aber wie? Wer glaubt, die »Arche Noah Kruger Park« sei ein Garten Eden, der sich auf paradiesische Weise selbst erhält, irrt. Mit einer

Längsausdehnung von 320 Kilometern und einer Fläche, die der von Rheinland-Pfalz entspricht, bedarf sein Unterhalt gewaltiger Anstrengungen! Im Park sind Dutzende Camps instandzuhalten, zudem tausende Kilometer an stattlichen Zäunen (Kudu-Antilopen können eine Höhe von 2,5 Metern überspringen), 2500 Kilometer Straßen und Pisten, Verwaltungsgebäude innerhalb und außerhalb des Parks, außerdem gibt es eine ziemlich große Belegschaft, die monatlich bezahlt werden will. Die Zahl der Tiere, die der Kruger Park auf seinem Gebiet beherbergt, ist gewaltig. Konkrete Zahlenbeispiele helfen der Fantasie: 114 Arten von Reptilien und 147 Säugetierarten, genauer 3000 Flusspferde, 30 000 Zebras, 15 000 Büffel, 90 000 Impala-Antilopen, 5000 Giraffen, 900 Leoparden und 300 Geparde. Vögel zählt niemand ganz genau, sie kommen aber auf etwa 500 Arten, darunter auch die skurrilen »Ausputzer«, die Geier: Gaukler sowie Ohren-, Wollkopf-, Weißrücken- und Kappengeier sorgen dafür, dass von dem, was die Raubtiere liegen lassen, nichts ungenutzt bleibt.

Herkulesaufgabe Tierschutz-Management

Schon allein die 8000 Elefanten, 1500 Löwen und die ganz besonders kostbaren Nashörner erfordern eine aufwendige Überwachung, und zwar auf dem Boden ebenso wie aus der Luft, damit das fragile ökologische Gleichgewicht keinen Schaden nimmt und damit die Ökonomie stimmt. Abschüsse sind notwendig, weil bestimmte Tierpopulationen zu groß werden und die Balance anfängt zu kippen. Am Beispiel der Elefanten lässt sich verdeutlichen, in welchem Ausmaß sich die Dickhäuter erholt und vermehrt haben und den Kruger Park langsam, aber sicher leer fressen: Zusammen rupfen sie pro Tag an die 2500 Tonnen Grünzeug von den kargen Büschen und Bäumen. Ohne Culling, das

Regulieren von Populationen durch gezielte Abschüsse, oder Verkäufe und Umsiedlungen kommt moderner Tierschutz, der sich selbst finanzieren muss, nicht aus.

Wenn Naturschützer sich darüber empören wollen, müssen sie bezahlbare Alternativen anbieten. Umsiedlungsaktionen sind dabei sicher die wünschenswerteste Lösung, aber auch die teuerste. Was staatlicher Tierschutz zum Wohle der Tiere vor allem braucht, sind gefüllte Kassen. Und Abschussgenehmigungen für gut zahlende Großwildjäger, die nach wie vor aus allen Erdteilen einfliegen, bringen Geld, genau wie Tierverkäufe, bei denen Giraffen oder Nashörner wie beim Großhändler über die Ladentheke gehen, oder die Produktion von Wildfleisch: In den Restaurants der Parks kommen durchaus Leckerbissen aus der eigenen Savanne auf den Tisch.

Die Kassen füllen zudem durchschnittlich 5000 Parkbesucher täglich, die sich die äußerlich friedfertige »Arche« anschauen wollen. In den staatlichen Camps wird vom Camping bis zur Vollversorgung gastronomisch ausreichend Komfort angeboten, mehr, als für einen Safari-Aufenthalt notwendig wäre. Die größeren »restcamps« bieten Elektrizität, eine Krankenstation, einen Supermarkt, einen Waschsalon, ein Restaurant, ein Bistro, Telefonanschluss und eine Tankstelle. Je nach Geldbeutel lassen sich traditionelle Rundhütten mieten oder klimatisierte Ferienhäuser, die für sechs Personen ausgelegt sind, und nicht einmal in der Kategorie »Safari Tents« fehlt es an Luxus: Die Zelt-Camps bieten bis zu vier Schlafplätze, eine Garderobe, einen Tisch und Stühle, einen Kühlschrank sowie einen Ventilator, der nicht nur für Kühlung sorgt, sondern auch für die passende »Out-of-Africa«-Atmosphäre.

Game Drive auf eigenen Rädern

Für Ausflüge auf eigene Faust gelten strikte Regeln: Fahrten im offenen Wagen sind nicht erlaubt, unterwegs aussteigen ist (außer an

Links: Elefanten lieben es zu baden, auch im Matsch. – Rechts: ... bleibt zu hoffen, dass dem Kleinen keines dieser gefährlichen Krokodile begegnet!

entsprechend markierten Stellen) verboten, es gibt Geschwindig-keitsbegrenzungen von 50, 40 und 25 Stundenkilometern, die durch Radarmessungen kontrolliert werden, und wer einen Reifen wechselt, tut dies auf eigene Gefahr. Über 200 Ranger arbeiten im Park, deren Vorgaben zum Schutz der Tiere rigoros überwacht werden, was schlecht sein mag für Vertreter der modernen Spaßgesellschaft. In den Camps gilt sogar eine strenge Nachtruhe, Regelüberschreitungen werden durch saftige Bußgelder geahndet.

Wie alle südafrikanischen Nationalparks ist auch der Kruger National Park professionell organisiert. Besucher können bei der Planung auf umfangreiches Material zurückgreifen, das auch im Internet zu finden ist: von detailliertem Kartenmaterial mit Landschaftsbeschreibungen der unterschiedlichen Parkregionen (Flusslandschaften, raue Steppen, Berg- und Schwemmlandschaften) und Angaben über die jeweils dort anzutreffende Tierwelt bis hin zu unter Umständen überlebenswichtigen Entfernungstabellen und Zeitangaben, die das rechtzeitige Ankommen an den Gates oder in den Camps vor Einbruch der Dunkelheit sichern.

Zu Fuß bei den Exoten

Zu den herausragendsten Erlebnissen im Kruger Park zählen Wanderungen auf den Wilderness Trails, die so stark nachgefragt sind, dass bei Buchungen lange Vorlaufzeiten einkalkuliert werden müssen. Anders als in einem der zwölf Hauptcamps und bei den üblichen Safari-Touren im geschlossenen Wagen kommt die Wildnis hier auf leisen Pfoten daher. Maximal acht Personen werden, begleitet von einem Ranger, einem Koch und einem Fährtenleser, in eines von sieben abgelegenen Bushcamps gebracht, wobei mit jedem Kilometer Fahrt durch die Savanne die Zeichen der Zivilisation hinter dem Geländefahrzeug weiter verblassen. Die Camps sind spartanisch ausgestattet: vier einfache Rundhütten aus Holz in einem umzäunten Areal, drinnen zwei Betten, ein Moskitonetz (der Kruger Park gilt als malariagefährdetes Gebiet), eine Petroleumlampe, eine Waschschüssel. Das kleine Personalhaus beherbergt eine Küche, Duschen und Toiletten, das Wasser sprudelt aus einem Tiefbrunnen. Nur 20 Meter vom Maschendrahtzaun entfernt liegt das Wasserloch der Tiere, und dort stehen sie dann, gleich nebenan: Elefanten, Nashörner,

Giraffen schauen über den Draht, der hier aus-
nahmsweise die Menschen einzäunt, nicht die
Tiere. Vor Sonnenaufgang dröhnen dumpf afrikanische Trommeln in die Träume, kurz darauf
gefolgt von einem energischen Klopfen an der
Tür. Ranger und Tracker schultern Gewehre,
die Teilnehmer in Rucksäcken den Proviant
für das spätere Frühstück, dann beginnt die
Safari. Zu Fuß geht es vier Stunden durch die
Savanne, über die langsam das fahle Licht der
Dämmerung kriecht, das Gräser und Büsche zu er-
staunlichen Farbsilhouetten aufbläst, bevor die aufgehende Sonne den
frühen Zauber wieder zerstört.

Rhinozeros im Anmarsch!

Frank, seit 14 Jahren als Ranger im Kruger Park tätig, versichert, er
habe noch nie ein Tier in Notwehr erschossen. Jesajah, der einheimische
Tracker, scheint schon welche zu sehen, wo keine sind. Noch nicht.
Wie aus dem Nichts tauchen Antilopen, Zebras und Giraffen auf, und
mit ihnen, ebenso plötzlich, das prickelnde Gefühl, weder Zaun noch
Auto als Schutz zu haben – den gibt es nicht, abgesehen von den beiden Gewehren. Der Fährtenleser, der nur Afrikaans spricht, lässt Frank
übersetzen: Dies hier sei »Rhino Country«, er würde eines riechen. Wo
ist es? Irgendwo. Im hohen Gras. Er flüstert. Die Gruppe hockt wie im
Gänsemarsch hinter dem Ranger. Nummer drei tritt auf einen Zweig,
der laut knackend zerbricht. In der gleichen Sekunde taucht aus der
Unterwelt der wahrhaftige Teufel auf – in Form eines Rhinozerosses,
dessen Kalb im Halbkreis davonstiebt. Die Mutter stampft schnau-
bend hinterher. Einige aus der Gruppe reißen reflexartig ihre Kameras
hoch, lassen sie aber gleich wieder sinken, als sich im Sucher abbildet,
wie das Kleine abrupt stoppt, sich dann blitzschnell entscheidet, einen
Haken zu schlagen, und geradewegs auf die entsetzte Gruppe zurennt,

*Links: Werden sie gereizt, können Nashörner zu rasenden Kampfmaschinen mutieren. –
Rechts: Giraffe im Kruger National Park*

den mütterlichen Aufpasser, nun vollends wild geworden, dicht hinter sich. Obwohl Frank der Gruppe eingeschärft hatte, in jedem Fall dicht zusammen zu bleiben, hechten ihre Mitglieder panisch in alle Richtungen, während Mutter und Kind mitten durch die gerade entstandene Lücke hindurch galoppieren und weiter, Gott sei's gelobt, geradeaus in die freie Savanne. »Breitmäuler sind nur schreckhaft«, wird Frank später erklären, »keinesfalls aggressiv.« Seufz! Das hohe Steppengras hatte Tiere und Menschen bis zum letzten Moment verdeckt. Der Wind stand günstig, deshalb konnte Jesajah den Braten vorher schon riechen. Die beiden Rhinos witterten nichts. Und dann, aus absoluter Statik heraus, eine solche Aktion! Was für ein Tempo! Weit und breit kein Baum, keine Mauer, kein Auto, nichts, wohin man hätte flüchten können. Und solche Kolosse. Ob Frank im Ernstfall noch hätte schießen können? Wenn nicht dies, was wäre denn dann überhaupt ein Ernstfall?

Am letzten Abend (außer Leoparden waren alle »Großen« auf den vier Fußmärschen zu sehen) führen der Ranger und sein Fährtensucher die Gruppe in die Berge, anderthalb Stunden Fußmarsch vom Camp entfernt. Der Koch würde später mit dem Geländewagen aufkreuzen, hoffentlich bevor die Nacht kommt. Als dann die Sonne zu sinken beginnt, eröffnen sich grandiose Ausblicke in die Weite der sich schnell färbenden Savanne. Eine der Höhlen, die sich hier auf einem geschützten Felsplateau befinden, zieren Zeichnungen. 2000 Jahre alt, sagt Frank, von den San, sagt Jesajah. Für kurze Zeit erstrahlt der Kruger Park noch in Kalahari-Rot, bevor dunkle Schatten aufziehen und – zum Glück – Autoscheinwerfer am Horizont aufblitzen. Die Buschmänner von damals mussten Stimmungen wie diese geschätzt haben, Wohnhöhlen in solcher Lage sprechen für guten Geschmack.

Luxus pur: Private Game Reserves

In ganz Südafrika haben sich neben den staatlichen Nationalparks zahlreiche private Wildparks etabliert. Die bekanntesten grenzen im Westen

Löwenjunge (links) und ein Zebra (oben) in der Savanne des Kruger National Parks. –
Unten: Ein Gepard beobachtet aufmerksam die Umgebung.

an den Kruger Park, wobei die Zäune der insgesamt 2000 Quadratkilometer großen privaten Gebiete (mit einer Gesamtfläche von der Größe des Saarlandes) 1993 eingerissen wurden, damit die Tierherden frei wandern können. Wer den Publikumsandrang im relativ preiswerten staatlichen Kruger Park scheut, ist in den Game-Lodges der Privaten mit so berühmten Namen wie Sabi Sabi oder Mala Mala exklusiver untergebracht und erlebt vielleicht solche Geschichten: »Wir haben sogar einen Night-Manager«, lächelt Ratel, der einheimische Fährtensucher in der kleinen, feinen Inyati-Lodge des Sabie Sands Reserve und rollt bedeutungsvoll mit den Augen, »für Notfälle. Falls mal ein Nashorn durchs Zimmer läuft!« Die Gruppe lacht, aber sehr abwegig ist das nicht. Auf dem Fuße folgt die Geschichte, wie einmal ein 3 Tonnen schweres Nilpferd aus dem Sabie River stieg, gemütlich über die grüne Wiese zur Lodge hinaufwatschelte, das sorgsam aufgebaute Luxus-Buffet mit dem Hintern zum Einsturz brachte und dann zum Entsetzen der herausgeputzten Dinner-Gäste in den Pool sprang, der auch noch kaum gefüllt war. Das Hippo saß auf dem Grund des gekachelten Betonbeckens fest,

bis endlich ein Kranwagen kam, der es heraus und zurück in die Wildnis bugsierte.

Ausgewogen? Preis-Leistung

Das Ambiente der Luxus-Lodges kommt gewöhnlich ebenso exotisch daher wie Landschaft und Tierwelt um sie herum. Besonders Atmosphärisches hat aber seinen Preis. Dem Tswalu Private Desert Reserve war der Übernachtungsluxus ihrer Gäste am Rand der Kalahari 2,5 Millionen Dollar Baukosten wert, bei über 20 Millionen für das gesamte Reservat. Dafür nächtigen seine Besucher aber auch in einer beeindruckenden Fünf-Sterne-Herberge, die zu den schönsten Game Lodges im südlichen Afrika zählt. Die ausgefallene Architektur spielt mit Naturmaterialien, reetgedeckten Runddächern, versetzten Wohnebenen und Panoramafenstern, die den Blick vom Bett oder Kamin aus auf die Wasserlöcher der Tiere und die weite Savanne freigeben. Die Inneneinrichtung präsentiert handverlesene Schätze afrikanischer Wohnkultur, und draußen ist die Lodge so optimal an die Umgebung angepasst, dass sie aus der Ferne kaum auszumachen ist. Dem Einfallsreichtum privater Lodge-Betreiber sind offenbar keine Grenzen gesetzt, wenn es darum geht, zahlungskräftigen Gästen ein Safari-Feeling auf hohem Niveau zu bieten. Durchschnittlich sind dafür 500 Euro pro Tag einzukalkulieren, effektiv manchmal sogar ein Vielfaches – was in Ordnung ist, auch weil es dem Tierschutz nützt.

Beispiel Singita Lebombo

Was anmutet wie eine Lizenz zum Gelddrucken, entpuppt sich im »Kruger« als Gebot der Not. Der chronische Mangel an Finanzmitteln des National Parks Board ließ einen umstrittenen Einfall Wirklichkeit werden, gegen die Umweltaktivisten zunächst entrüstet Sturm liefen: die

Links: Im Park bekommt man schon mal ungewöhnliche Paare zu Gesicht. – Rechts: Ein junger Kudu-Bulle

Verpachtung staatlicher Naturschutz-territorien an Privatunternehmer. Die Idee war genial. Auf entlegenen, wenig genutzten Arealen des Kruger Park wies man Konzessionsgebiete aus und versteigerte sie als Pachtland auf 20 Jahre an Höchstbietende. Für eine der insgesamt sieben Wildnis-Enklaven, die Nwanetsi Concession, erhielt die Lodge & Safari-Company »Singita« den Zuschlag. Heute residiert dort mit der Singita Lebombo Lodge eine Weltklasse-Unterkunft unter dem bekannten Kruger-Park-Label, deren Gästebuch inzwischen zahlreiche VIPs wie Thabo Mbeki, Nicolas Cage, Leonardo DiCaprio und Charlize Theron verzeichnet.

Wohnträume im Busch

Das Lebombo Camp thront mit offenem Restaurant, opulentem Pool und einer gewaltigen Lounge-Halle auf einem Bergrücken und offeriert Design pur: Glas, Stahlrahmen und kostbare Naturhölzer sind die sichtbaren Trägermaterialien, die als künstliche Eingriffe gewagt im Buschland stehen.

Das alles fußt auf der beinharten Realität und den strikten Schutzvorschriften des Kruger Parks. Strenge Auflagen regeln Bautätigkeit, Wasserverbrauch, Personal- und Gästemengen, Zuliefererbewegungen sowie den involvierten Naturschutz. Das gesamte Projekt ist auf Stelzen gesetzt, was bedeutet, Lebombo könnte in kürzester Zeit demontiert werden, ohne dass Narben in der Wildnis zurückbleiben. Bis auf die 30 Bohrlöcher vielleicht, die für die Wassersuche nötig waren und von denen drei, 8 Kilometer entfernt, Wasser führen, das in Tanks gesammelt und aufbereitet wird. Sukzessive werden die Dieselgeneratoren ökologisch korrekt Sonnenkollektoren weichen. Und natürlich ist auch

Links: Elefant in Mpumalanga –
Rechts: Parkranger auf Fahrradpatrouille im Kruger National Park

der anfallende Abfall inklusive Mülltrennung ein Thema, das die Parkverwaltung mit Argusaugen überwacht.

Nächtliche Jagd-Szenen: hautnah

Was Private Game Parks oder private Konzessionsgebiete neben solcherlei überzogenem Luxus und einem gehobenen Maß an Ambiente hinaus interessant macht, sind spektakuläre Nachtfahrten in offenen Geländefahrzeugen, die in staatlichen Schutzzonen verboten sind. Unter dem Einsatz von Scheinwerfern können Safari-Teilnehmer dabei hautnah erleben, wie beispielsweise ein Rudel Löwen sich sein Opfer in einer Gnu-Herde ausguckt, den Angriff taktisch anlegt und ausführt, bis eine der Großkatzen das Huftier ruhig und gelassen an der Kehle gepackt hält und langsam erdrosselt, während sich die Staubwolken nach dem brutalen Ereignis wieder lichten. Nicht jedermanns Sache ist, was anschließend passiert, wenn die übrigen Raubkatzen herankommen und den Leib in Stücke zerlegen. Doch auch das gehört zum Tierschutz und zur überlebenswichtigen ökologischen Balance dazu.

Durbans KwaZulu-Natal

Durban rangiert mit 4 Millionen Einwohnern an dritter Stelle der südafrikanischen Ballungsräume und ist die unbestrittene Metropole der Provinz KwaZulu-Natal. Der Sitz finanzkräftiger Industrie- und Handelsunternehmen lässt Hotelneubauten wie Pilze aus dem Sand schießen, und die Skyline zeigt: Hier ist das Geld zuhause, hier werden Geschäfte gemacht.

In Durban beginnt zudem eine der schönsten Küsten des Landes, die sich in naturbelassener Schönheit bis hinauf zur Grenze von Mosambik erstreckt.

Oben: Die zerklüftete Wildheit der südlichen Drakensberge des KwaZulu-Natal begeistert nicht nur Naturliebhaber. – Mitte: Im Dorf Simunye, das sich zwischen Mimosabäumen und Agaven versteckt, erlebt man die Kultur und den Alltag der Zulu hautnah. Die Männer verstehen sich aufs Jagen, die Essenszubereitung für die ganze Familie obliegt den Frauen des Dorfes. – Unten: Im iSimangaliso Wetland Park

Durban

Durbans
KwaZulu-Natal

Wildnisparadies am Indischen Ozean

Durban – Pietermaritzburg – Midlands – uKhahlamba Drakensberg Park – Hluhluwe-Umfolozi Game Park – St. Lucia Wetlands – Sodwana Bay National Park – Kosi Bay – Swaziland

Jede Stadt hat ihre Geschichte: Während Johannesburg von Gold, Soweto und einer großen Dichte an Golfplätzen erzählt, geht es in Kimberley um Diamanten und das größte Loch der Welt. Kapstadt kann weder Jan van Riebeeck noch Cecil Rhodes vergessen,

sicher auch nicht die Zeiten, als Nelson Mandela auf Robben Island einsaß, während Pretoria gerne seinen »Ohm« Kruger besingt – auf ihn geht die Gründung des weltberühmten Tierparks zurück. Und Durban? Die glitzernde Metropole darf sich mit einem prominenten Sohn schmü-

cken, mit Mahatma Gandhi, der von 1893 bis 1914 in der Hafenstadt am Indischen Ozean lebte und der, wie Mandela, als Symbolfigur für gewaltlosen Widerstand in die Geschichtsbücher der Welt einging. Ein Blick noch weiter zurück zeigt uns Vasco da Gama am Weihnachtstag im Jahr 1497 in einer Bucht der südostafrikanischen Küste vor Anker; in Anlehnung an Christi Geburt taufte er damals den unscheinbaren Landstrich »Natal«. Es war das Stammesgebiet der Zulu.

Erst lange Zeit später – man schreibt das Jahr 1823 – ließen sich an der gut zugänglichen Ankerbucht einige Händler nieder, und schon kurze Zeit später entstand, hauptsächlich durch den Umschlag von Elfenbein, ein betriebsamer Hafen. Bald gerieten burische »Voortrekker« mit den kriegerischen Zulu aneinander, aber die Eingeborenen unterlagen der Feuerkraft der Europäer in blutigen Kämpfen. Wenig später kämpften die Buren gegen die Briten, die Natal von Kapstadt aus unter die Kon-

Links: gewaltige »Crocs« – Rechts: Durban ist die Stadt mit dem größten Hafen, den besten Wellen für Surfer und den längsten Sandstränden.

Oben: Durbans Waterfront steht für Strandvergnügen pur. – Unten: Victoria Street Market – Rechts: Das Basotho Cultural Village im Golden Gate National Park

trolle des Empire bringen wollten, und dies-
mal waren die Buren die Verlierer; 1843 wurde
Natal zur britischen Kolonie ausgerufen und
die Hafenstadt nach dem ehemaligen Kap-
Gouverneur Sir Benjamin D'Urban benannt.
Mitte des 19. Jahrhunderts legten die neuen
Herren riesige Zuckerrohrplantagen an, wozu

Arbeiter in großer Zahl aus Indien herangeschafft wer-
den mussten, weil die stolzen Zulu-Krieger nicht auf die Felder wollten.
Wirtschaft und Handel erblühten, prachtvolle viktorianische Kolonial-
bauten entstanden, die noch heute zeigen, was einst hier war: im Jahr
1863 das Gerichtsgebäude (heute das Local History Museum); im Jahr
1885 das Rathaus (heute die Hauptpost), im Jahr 1894 der Hauptbahn-
hof (heute das Durban Exhibition Centre), im Jahr 1910 die City Hall
als monumentaler Nachbau des Rathauses von Belfast. Selbst das Alte
Fort, Baujahr 1842, in dem einst britische Soldaten ihren burischen
Angreifern trotzten, taucht sehr lebendig aus der Vergangenheit auf:
mit einem sehenswerten Kriegsmuseum und dem pittoresken Kirchlein
St. Peter in Chains, das ehedem als Pulvermagazin diente.

Die Schönste im ganzen Land?

Durban ist nicht nur die drittgrößte, sondern auch die zweitälteste der vier großen Städte Südafrikas und, wie jeder Ostküstler ganz
sicher behauptet, hinsichtlich der Lebensqualität die Nummer Eins. Vor
allem ist es hier warm. 365 Tage im Jahr. Im Wasser und zu Lande. Mit
traumhaften Landschaften ringsum sowie endlosen Stränden, ungefähr
1000 Kilometer nach Norden und 1000 nach Süden.

Westlich der »City of Lights«, wie sich die Stadt der Surfer selbst gerne
nennt, wartet uKhahlamba, der Drachenpark.

Pietermaritzburg und die Midlands

Wer auf den Kamm des Drachens will, kommt an den Midlands nicht
vorbei: Sanft geschwungene Hügellandschaften mit saftigen Wiesen, auf
denen zufriedene Kühe weiden, erstrecken sich nordwestlich von Durban, wo sich Pietermaritzburg als letzte britische Bastion versteht. Und

als Tor zu einer der bizarrsten Landschaften des KwaZulu-Natal mit Highlights, deren Namen beinahe schon alles verraten: Tugela Falls, Cathedral Peak, Giants Castle, Sani Pass, Bushmens Neck usw.

Das im Jahr 1838 gegründete viktorianische Städtchen, das seine 500 000 Einwohner praktischerweise auch »Piemburg« (oder noch kürzer »PMB«) nennen, wartet noch immer mit Insignien des britischen Empire auf: Adrett ziehen sich hölzerne Gartenzäune um akkurat geschnittene Rasenflächen und Bougainvillea-Sträucher, sorgfältig gepflasterte Wege durchziehen nicht nur die Parklandschaften der schmucken Provinzhauptstadt von KwaZulu-Natal. Ein Prachtexemplar in Backstein ist Pietermaritzburgs City Hall, die als viktorianische Architekturpreziose zum Nationaldenkmal erklärt worden und angeblich das größte Backsteingebäude südlich des Äquators ist. Immerhin ragt sein Glockenturm beinahe 50 Meter in den afrikanischen Himmel. In gleicher Weise beeindruckend präsentiert sich vis-à-vis das Gebäude der Tatham Art Gallery, die in ihrer beachtlichen Sammlung Gemälde und Skulpturen südafrikanischer und europäischer Künstler aus dem 19. und 20. Jahrhundert vereint; sogar Picasso-Werke haben den Weg in die geschichtsträchtigen Hallen des ehemaligen Obersten Gerichtshofs gefunden.

Ihre Architektur aus längst vergangenen Zeiten macht die Stadt zu einem ganz besonderen Reiseziel. Auf der Liste der fotogenen Stopps stehen das Macrorie House (1862), das Old Government House (1860), das Old Colonial Building (1899) und das Voortrekker House (1847). Auch unmittelbar vor Piemburgs Haustür warten einige Attraktionen. Die Midlands-Route führt durch das Gebiet der Midlands Meander bis zum Albert Falls Nature Reserve, einem Naherholungsgebiet, das sich um einen Stausee herum ausbreitet. Bei Fort Nottingham bieten die Howick Falls im Umgeni Valley Nature Reserve das nächste Paradies mit Wasserkaskaden, die eine über 100 Meter hohe Felswand hinab-

Links: Sandstein Felsformationen, durch Eisenoxid gelb und orange gefärbt –
Rechts: Das sogenannte »Amphitheatre« im Royal Natal National Park

stürzen. Hier lassen sich, wie auch im benachbarten Midmar Public Resort and Nature Reserve, Giraffen, Zebras, Antilopen, Nashörner sowie eine üppige Vogelwelt beobachten, aber das interessiert Reisende, die auf der N 3 unterwegs sind (die bis nach Johannesburg hinaufführt), nicht wirklich. Weil es gleich riesig wird: In der Region des Golden Gate Highlands National Park, des Royal Natal National Park sowie des Rugged Glen Nature Reserve und zahlreicher kleinerer Schutzgebiete thronen die ganz großen Brocken Südafrikas in hochdramatischen Berglandschaften. Über sie alle wacht der König der südafrikanischen Berge, der Mafadi Peak, mit 3446 Metern der höchste von allen.

uKhahlamba – der Drachenpark

Das gesamte 243 000 Hektar große Gebirgsareal, das jenseits der Grenze zu Lesotho mit dem prächtigsten Berg im südlichen Afrika, dem 3482 Meter hohen Thaba Ntlenyana, seinen Fortsatz hat, dient mit seinen phänomenalen Basaltgipfeln als Kulisse für zahlreiche Filme und nennt sich uKhahlamba-Drakensberg-Park. Das Landschafts-

und Naturwunder wurde im Jahr 2000 zum Weltkulturerbe erklärt. Nicht nur als Wander- und Bergsteigereldorado ist der »Kamm des Drachen«, der Drakensberg, begehrt, denn was sich hier zeigt, ist von überirdischer Schönheit: das berühmte Amphitheatre im Royal Natal National Park etwa, wo der Tugela River an einer 5 Kilometer langen und 500 Meter hohen Felswand in mehreren Stufen über 800 Meter tief abstürzt. Allradfahrer machen sich auf den Weg zum 2895 Meter hohen Sani Pass, der auf einer allgewaltigen Gebirgsstrecke ins Königreich Lesotho hineinführt und Off-Road-Fans ein Fahrabenteuer der besonderen Art garantiert. Eine Serie spektakulärer Haarnadelkurven schraubt die schnaubenden Four-Wheel-Gefährte immer höher hinauf in ein Szenario aus schneebedeckten Bergen, grotesken Schluchten und bedrohlichen Steilabfällen, hinein in eine Welt, durch die in wärmende Wolldecken gehüllte Hirten ihre Schafherden treiben. Bequemer, wenn auch nicht weniger spektakulär, ist das Giant's Castle Game Reserve zu erreichen: Zwischen Champagne Castle (3374 Meter), Giant's Castle (3314 Meter), Cathkin Peak (3148 Meter) und Cathedral Peak

(3004 Meter) ragen hier gewaltige Basaltbrocken auf, deren Höhenlinien kaum unter 3000 Metern liegen.

Viel Zulu-Blut an weißen Händen

Nicht weit von hier erstreckt sich inmitten grünstrotzender Hügellandschaften das Siedlungsgebiet der Zulu, jener stolzen Stammeskrieger, die sich von Anbeginn der Kolonialisierung gegen die weißen Eindringlinge aus Europa stellten. Hier herrschte der legendäre Zulu-König Shaka, der Anfang des 19. Jahrhunderts versprengte Zulu-Stämme einte und eine straff organisierte Militärmacht aufstellte. An der Mündung des Tugela River erinnert der Ultimatum Tree an den Ausbruch der Schlachten zwischen Briten und Zulu. Vor allem in der Region zwischen Eshowe und Empangeni breitet sich die einst mächtige Zulu-Kultur aus, in Form bunter Folklore mit idyllisch wirkenden Rundhüttendörfern, die pittoresk zwischen weitflächigen Zuckerrohrplantagen liegen. Eine ganze Reihe von Museumsdörfern lässt die Geschichte der Zulu und ihres mächtigen Königs wieder lebendig werden. Nordwestlich von Ulungi, im Dreieck von Newcastle, Vryhei und Ladysmith, befinden sich die historischen Schlachtfelder sowie das Blood River Monument zwischen Dundee und Vryheid. Hier, am Ncome River, dem späteren Blood River, hatten 464 Buren mit ihren Ochsenwagengespannen eine Wagenburg errichtet und wurden am 16.12.1838 von 20 000 Zulu angegriffen. 3000 Zulu starben hierbei, der Fluss färbte sich, so die Legende, blutrot. Was außerdem noch zum Zulu-Land gehört, sind Lüneburg, Wittenberg, Augsburg, Schwarzwald und Braunschweig, allesamt in der deutschen Provinz von Mpumalanga gelegen. In den deutschsprachigen Ortschaften in der Nähe von Paulpietersburg leben die Nachfahren deutscher Einwanderer, die vor 150 Jahren ins Land kamen und die noch heute, im lutherischen Glauben verbunden, eine eingeschworene

Links: Prachtvolle Aussichtsloge mit Blick auf den Devil's Tooth – Rechts: Das Denkmal der Planwagen aus Bronze vergegenwärtigt die Schlacht am Blood River.

Gemeinschaft bilden. Wer mitten in den Weiten Afrikas deutschsprachige Schulen und Gottesdienste und einen zünftigen deutschen Bläserchor erleben will, sollte der »German Pioneer Route« folgen, wo zur Adventszeit deutsche Lebkuchen der südafrikanischen Sommerhitze standzuhalten versuchen.

Das Paradies der Nashörner

Zwei Fahrstunden nordwestlich von Durban öffnen sich die Tore des Hluhluwe-Umfolozi Game Park. Das riesige Schutzgebiet, das mit 1000 Quadratkilometern die doppelte Fläche des Bodensees einnimmt, zählt seit seiner Gründung im Jahr 1895 zu den ältesten Game Parks in Afrika. Seine Geschichte: Als im März 1959 die beiden Game Ranger Ian Player und Magqubu Ntombela mit einer Handvoll Safari-Gäste hier auf dem ersten offiziellen Wilderness Trail unterwegs waren, konnten die Wanderer ihre Verwunderung nicht verbergen. In der üppig grünen Hügellandschaft, deren Täler von zahlreichen Wasserarmen durchzogen sind, entfalteten sich Bilder von seltener Schönheit – Wälder und Dornveld-Ebenen, sanft geschwungene Hügel und Felskuppen sowie Flussauen, gehüllt in aufdampfende Nebelschwaden, wechselten sich ab und erschufen eine unwirkliche Vision des Gartens Eden. Der Erfolg der Truppe, die ohne Fahrzeuge in vollkommener Stille Teil dieser entrückten Naturwelt werden konnte, setzte das Gebiet auf die Landkarte der Begehrlichkeiten. Schnell entwickelten sich Bush Walks zu einer beliebten Art, Safaris in ihrer reinsten Form zu erleben. Heute zählt Hluhluwe-Umfolozi zu den meistbesuchten Schutzzonen Südafrikas.

Walk on the Wild Side

Zwischen bewaldeten Hügellandschaften schlängeln sich die Flüsschen Hlhuluwe River, Black Umfolozi River und White Umfolozi River durch fruchtbare Täler mit üppiger Vegetation: Dies ist »Rhino Country«, ein wahres Futterparadies für Rhinozerosse. In den 1950er- und 1960er-Jahren wurde Hluhluwe-Umfolozi weltberühmt für sein Schutzprogramm »Operation Rhino«, das die Breitmaulnashörner (White

Links: Die Steilwände fallen bis zu 500 Meter ab. – Oben: Gebirgskette der Drakensberge – Unten: Der spektakuläre Sentinel Trail

Ein Fischadler (rechts) schaut über die weite Landschaft im iSimangaliso Wetland Park (oben). – Unten: Eine prustende Flusspferdfamilie im Park

Rhinos) vor dem Aussterben bewahrte und ihre besonders seltenen Spitzmaulkollegen (Black Rhino) zur größten Population in ganz Afrika werden ließ.

Hier, wo einst das bevorzugte Jagdgebiet von Zulu-König Shaka (sowie schießwütiger Wilderer, die auf wertvolles Elfenbein aus waren) lag, brauchen sich die Rhinozerosse heute kaum mehr Sorgen um Horn und Leben zu machen. Die mehr als 2000 Breitmaul- und etwa 500 Spitzmaulnashörner stehen im weltgrößten Schutzgebiet für Rhinos unter strenger Aufsicht der Ranger. Bis auf Tuchfühlung kommt man auf den ausgewiesenen Wilderness Trails an die sensiblen Vegetarier heran, die zu den Highlights von Hluhluwe-iMfolozi zählen. Zu Fuß erkundet man unter der sachkundigen Führung von Wildhütern in mehreren Tagen die Savanne, übernachtet wird unterwegs in einfachen Camps. Groß sind dabei die Chancen, einen Revierkampf zweier Nashornbullen aus nächster Nähe mitzuerleben, mit prickelnden Momenten, wenn die beiden Kolosse aufeinander zustampfen und die Hörner kreuzen.

St. Lucia Wetlands

Der ehemalige Greater St. Lucia National Park, heute iSimangaliso Wetland Park genannt, schaffte es aufgrund seiner besonderen Tierpopulation und der ökologischen Einzigartigkeit als erstes Schutzgebiet Südafrikas auf die Weltnaturerbe-Liste der UNESCO. Und was für ein Glück für die Menschheit: Auf rund 300 Kilometer erstreckt er sich zwischen Cape St. Lucia im Süden und Kosi Bay im Norden entlang einer naturbelassenen Traumküste. Einschließlich seiner Wasserflächen umfasst das 332 000 Hektar große Areal (das entspricht der sechsfachen Fläche des Bodensees) drei Binnenseen, acht ineinander greifende Ökosysteme, weitläufige Sumpf- und Mündungsgebiete, 25 000 Jahre alte Sanddünenlandschaften, die sich bis zu 180 Meter hoch erheben, sowie schier endlose Wald- und sattgrüne Grasflächen.

Auf seiner gesamten Längenausdehnung brandet zu alledem auch noch der Indische Ozean an und präsentiert mit einer Wassertemperatur

von 30 Grad Celsius ein menschenleeres tropisches Paradies, das im urzeitlichen Zustand verharrt: mit weißschäumenden Brechern, verschwiegenen Buchten, nicht enden wollenden Strandlandschaften und unberührten Sanddünenwelten, die gespickt sind mit skurrilen Baumstammskulpturen, die als Treibholz auf die weiten Sandflächen geschwemmt wurden. Nur das Wellenrauschen ist zu hören, Brecher für Brecher, und der Wind, sonst nichts. Unter der Wasseroberfläche allerdings ist der Teufel los: Der Northern Reef Complex vor Kosi Bay zieht Taucher aus aller Welt an; White Sands Canyon, Seven Mile Reef, Diepgat Canyon und Red Sands Reef heißen nur einige der bunt schillernden Korallenriffe, die sich bis zum Cape St. Lucia hinunterziehen. Wer hier abtaucht, begegnet keinen anderen Tauchern, dafür Unterwasserwelten vom Allerfeinsten. Nemo und seine Freunde gleiten wie im Film durch bildschöne Korallengärten, Schildkröten paddeln in Zeitlupe vorüber, Muränen lugen aus Felslöchern hervor – nicht ohne Grund heißt der bezauberndste Tauchplatz vor Kosi Mouth »Aquarium«!

Der »Sardine Run«

Ein Riesenspektakel findet jeden Juli statt mit dem berühmten »Sardine Run«: Dichte Sardinenschwärme tauchen dann vor den Küsten von KwaZulu-Natal auf, verfolgt von Kamerateams und Raubfischen, die mit offenem Maul durch das reich gedeckte Buffet hindurchpflügen. Im Wasser vor den feinen Sandstränden kreuzen Weiße Haie, Buckelwale und Südliche Glattwale, Delfine und Quastenflosser, die »Dinosaurier der Meere«, und im warmen Sand an Land legen Meeresschildkröten ihre Eier ab, darunter die seltene große Lederschildkröte. Richtig wild geht es auch im Lake St. Lucia zu, der mit tausenden Krokodilen und Flusspferden die größte Dichte dieser Spezies in ganz Südafrika versammelt. Dazu bevölkern 526 erfasste Vogelarten die riesigen Feuchtgebiete, was Ornithologen aus aller Welt anlockt.

Links: Traditionelle Bauweise mit Reetdächern –
Rechts: Im abgeschiedenen Sodwana Bay Nature Reserve

Erste Anlaufstelle ist das Städtchen St. Lucia, das als Oase der Zivilisation inmitten der Wildnis bestens funktioniert: Zahllose Bed-and-Breakfast-Pensionen, Hotels und Lodges stellen 4500 Gästebetten, alle Campingplätze zusammen noch einmal 2500. In deren Kielwasser profitieren Dutzende Restaurants, Kneipen, Cafés, Souvenirshops sowie zwei gestandene Supermärkte von den anreisenden Fremden. Tourveranstalter haben Walbeobachtungen, Hochseeangeln, Nilpferd- und Krokodil-Kreuzfahrten, Öko- und Schildkrötentouren im Programm, Outdoor- und Safari-Ausrüster teilen sich die Kundschaft mit den Anbietern von Zulu-Kunsthandwerk – wenn die nicht gerade auf einem der beiden wunderschönen Golfplätze in der Nähe von St. Lucia zwischen Krokodilen und Hippos den Abschlag übt.

Die Schildkröten kommen!

Der Sodwana Bay National Park besteht aus einem Küsteneinschnitt des St. Lucia Wetland Park und verheißt neben Sand und Meer vor allem Abgeschiedenheit aufgrund seiner schwierigen Zufahrt. Einheimische

Taucher und Sportfischer, die gut ausgerüstet in schweren Geländewagen mit Bootsanhängern anrücken, lassen sich davon aber nicht abhalten und sind im wenig frequentierten Sodwana-Zipfel – dem weltweit besten Platz, um Barrakudas, Marlins und Königsmakrelen zu jagen – beinahe unter sich. Ein Stück weiter empfängt die Luxus-Strandlodge Thonga Beach in Traumlage betuchte Klientel aus aller Welt: den Lake Sibaya im Rücken, die tosende Brandung des Indischen Ozeans vor Augen, mit menschenleeren Stränden, endlosen Sanddünen und farbenfrohen Riffen in nächster Nähe. 100 Meter oberhalb der Brandung erstreckt sich eine liebliche Hügellandschaft. Tausende Küstenbewohner vom Stamm der Tsonga leben hier an der Grenze zum Nationalpark weit verstreut in traditionellen Rundhütten.

Die benachbarte Rocktail Bay zählt zu den besten Orten der Welt, um Meeresschildkröten bei der Eiablage und das spektakuläre Ereignis des Schlüpfens ihrer Jungen zu beobachten. Natürlich, weil es hier vor allem um Artenschutz geht, aber auch, weil es ein ganz besonderes Naturspektakel ist, wenn bis zu 750 Kilogramm schwere Meeresschildkröten

aus dem Indischen Ozean auftauchen, um
am Strand ihre Löcher im warmen Sand zu
buddeln. Dies geschieht übrigens gewöhnlich zwischen November und April. Erst
recht bewegend ist dann der Moment,
wenn die Kleinen nach zwei Monaten aus
ihren Schalen schlüpfen, um sofort auf

wackeligen Beinen zum vermeintlich rettenden Wasser
zu taumeln. Die Feinde warten aber schon, überall, weshalb nur ein
geringer Prozentsatz der jungen Panzerträger überlebt.

Rocktail Beach Turtle Project

Vor allem die Lederschildkröte verdankt ihr Dasein ausschließlich enga-
gierten Naturschützern. Eine große Rolle spielte das Rocktail Bay's Turtle Monitoring Project, mit dem Wissenschaftler seit 1963 zum Erhalt
der vom Aussterben bedrohten Tiere beitragen, und Gäste der Rocktail
Bay Lodges können selbst mithelfen, indem sie eine Schildkröte »adop-
tieren«. Von den Spenden werden die Turtle Scouts bezahlt, die während
der Brutzeit den Strand und die Gelege bewachen, sowie Satellitensen-
der, die den Weg der Schildkröten verfolgen, auch wenn die riesigen
Tiere unterwegs bis zu 900 Meter tief abtauchen! Wann immer eines der
adoptierten Tiere gesichtet wird, erhalten die »Eltern« Nachricht über
den Standort per E-Mail. Näher kommen kann man seinem künftigen
Adoptivkind durch abendliche Turtle Drives, die auf einer Strecke von
60 Kilometern stattfinden – für die Scouts eine allnächtliche Routine,
die zum Schutz der Tiere alle bekannten Schildkrötengelege abfahren
und neue aufspüren. Die Gäste, die mitfahren, finanzieren mit der
kostenpflichtigen Teilnahme das Turtle Research Project.
Zu solcherlei Unternehmungen braucht es Strände ohne Ende, viel
Sonne und eine lauwarme See. Zwischen Black Rock, Lala Nek und
Island Rock erstrecken sich paradiesische Buchten, in die der Indische
Ozean mit mächtigen Brechern einläuft. Was es heißt, gegen solche

*Links: Das Sodwana Bay Reserve ist nur mit geeigneten »Transportmitteln« zu
erkunden. – Rechts: Jagdtrophäe im Dorf Simunye*

Urgewalten zu kämpfen, wissen die Spezialisten vom Rocktail Bay Diving Centre zu berichten. Zwei fette 85-PS-Yamaha-Außenborder sind nötig, um das 7 Meter lange Tauchboot durch die Brandung zu bekommen. Dafür wartet draußen mit 14 renommierten Tauchgebieten eines der exklusivsten Unterwasserparadiese.

Inmitten dieser naturbelassenen Idylle hat sich seit anderthalb Jahrzehnten das südafrikanische Lodge-Unternehmen »Wilderness Safaris« etabliert und in enger Zusammenarbeit mit Parkbehörden, Naturschützern und der Mqobela-Gemeinschaft ein Joint-Venture-Experiment auf die Beine gestellt. Auf die Fahnen haben sich die ökologisch orientierten Pioniere die Rettung der Schildkröten geschrieben und die Förderung und Einbindung der ortsansässigen Gemeinschaften. Als Geheimtipp gilt das Rocktail Beach Camp, dessen Chalets, erbaut aus Glas und Edelholz, aus der dichten Vegetation der Küstenwälder ragen – mit Blick auf die stahlblaue See, die ihr gleichmäßiges Donnern als sanfte Hintergrundmusik bis an die Pfahlbauten des Camps schickt.

Kosi Bay – im maritimen Garten Eden

Der Hauptort des Naturparadieses heißt eigentlich Manguzi und liegt 25 Kilometer von der Küste entfernt. Dorthin schafft es nur ein Vierradantrieb. Für Freunde individueller Enklaven ist der 44 Kilometer lange Kosi Bay Trail, der durch pittoreske Feigenwälder und Palmenhaine an den Ufern entlangführt, die richtige Wahl.

Noch etwas weiter oben im Norden, an der Grenze zu Mosambik, liegt das Kosi Bay Nature Reserve mit den vier Seen Sifungwe, Mpungwini, Nhlange und Amanzimnyama. Die Wasserparadiese mit den unaussprechlichen Namen liegen dicht beieinander und sind nur durch einen schmalen Dünengürtel vom Indischen Ozean getrennt.

Von hier bis nach Sodwana Bay breiten sich die südlichsten Korallenriffe der Welt aus, die von Tauchern heiß geliebt werden. Diesen maritimen Garten Eden suchen Meeresschildkröten zur Eiablage auf, aber es tummeln sich auch Krokodile, Schildzahnhaie und Flusspferde in den Gewässern.

Kunstvolle Zulu-Hütten (links) und Zulu-Krieger in traditionellem Outfit (rechts)

Die Top Ten Südafrikas

Südliche Drakensberge mit Lesotho

An die 25 000 steinzeitliche Felsmalereien der San finden sich in über 500 Höhlen und Felsüberhängen im gesamten Drakensberg-Gebiet. Konzentriert lässt sich der UNESCO-Weltkulturerbe-Schatz im Royal Natal National Park besichtigen, wo zahllose »Bushman Paintings« aus dem Leben der Jäger und Sammler erzählen. Die südlichen Drakensberge an der Grenze zu Lesotho sind für Kletterer, Bergsteiger und Bergwanderer ein Terrain erster Klasse.

Nördliche Drakensberge & Panorama-Route

Liebhaber großartiger Panorama-Ausblicke kommen auf der »Panorama Route« zwischen den Städtchen Sabie, Graskop und Pilgrim's Rest auf ihre Kosten. Hautnah zu erleben ist das Ambiente von einst im viktorianischen Holzbau des Royal Hotels oder am Tresen der Church Bar, wo sich die alten Pionier- und Goldgräberzeiten herbeiträumen lassen.

Nostalgie auf Schienen

Der Service auf den berühmten Luxuszügen von Rovos Rail, Shongololo und Blue Train lässt kaum Wünsche offen. Den ultimativen Interieur-Genuss findet man außerdem im Blue Train. Dort besteht die Möglichkeit, ein eigenes Abteil mit Badezimmer, Fernseher, Telefon und Klimaanlage zu reservieren. Und auch das Ambiente draußen stimmt: Als filmische Endlosschleife zieht ein »Out of Africa«-Kino vom Allerfeinsten vor den Zugfenstern vorbei.

Sun City, Lost City & der Pilanesberg National Park

»Sun City« mit dem Prachtbau »Lost City« als Mittelpunkt gehört zu den größten und fantastischsten Vergnügungsparks weltweit.
Und wer zwischen Black Jack und Roulette schnell Wildtiere besichtigen will, kann das gleich mit erledigen: Im benachbarten Pilanesberg National Park. Dort sind nicht nur alle Vertreter der »Big Five« beheimatet, sondern auch noch zahlreiche andere exotische Wildtierarten.

Kruger National Park

Als »Arche Noah« wird der Kruger Park häufig bezeichnet. Jedenfalls ist er neben Grzimeks Serengeti das bekannteste Tierparadies der Welt, und noch dazu für Selbstfahrer zugänglich! Der staatliche Nationalpark ist mit erschwinglichen Übernachtungsmöglichkeiten aller Kategorien ausgestattet, von recht komfortablen Rest-Camps angefangen bis hin zum einfachen Campingplatz.

Johannesburg & Pretoria

Die beiden Großstädte haben einiges zu bieten, vor allem hinsichtlich

Kunst und Architektur! Am einfachsten und für Touristen am sichersten ist es, die urbanen Highlights auf einer organisierten Besichtigungstour zu erleben, zumindest ist dies die ratsamste Variante. Ein Besuch Sowetos kostet mehr Zeit, ist aber so herausfordernd wie lohnend: In dem Viertel steht unter anderem das ehemalige Wohnhaus der Mandelas, das heute ein Museum ist, und ein Stück weiter das von Erzbischhof Desmond Tutu, der mutig gegen die Apartheid antrat, als das noch verboten und mit strengen Strafen belegt war.

Grahamstown & Addo Elephant Park

Auf halber Strecke zwischen Port Elizabeth und East London versteckt sich im grünen, hügeligen Küstenhinterland die Hauptstadt von »Settler Country«, Grahamstown. Eine trendige Künstlerszene, viel Kunst und Kirchen bietet das viktorianische Fassadenwunder, das sich »very british« gibt. Wer es bis hierher geschafft hat, sollte den grandiosen Addo Elephant Park mit seinem großartigen Wildlife gleich nebenan keinesfalls verpassen.

Birdwatching an der Westküste

Sixteen Mile Beach heißt die schmale Landzunge der Langebaan-Lagune, die das Herzstück des West Coast National Park zwischen Yzerfontein und Paternoster ist. Massen von Kap-Tölpeln, Kormoranen, Brillenpinguinen und Flamingos geben sich in den Feuchtgebieten ein Stelldichein, manchmal bis zu 60 000 Vögel auf einen Schlag. Zwischen Langebaan und Lambert's Bay laden geschmackvoll gestaltete Herbergen zum Verweilen ein, in Traumlagen am Atlantik.

Garden Route & Outeniqua Choo-Tjoe

»The most spectacular landscape«, das Herzstück der Garden Route, hat sich der Outeniqua Choo-Tjoe-Dampfzug ausgesucht, der zwischen George und Mossel Bay durch unwirkliche Landschaftsszenarien aus Wäldern, Seen und Flüssen schnauft. Die Garden Route selbst hält malerische Buchten, einsame Strände, steile Felswände und bezaubernde Wanderrouten durch dichte Wälder bereit. Die berühmtesten mehrtägigen Tracks für Wanderer hier sind der Otter Trail und der Tsitsikamma Trail, unterwegs kann man in rustikalen Cottages übernachten. Die Schluchten des Storms River locken Aktiv-Sportler, die danach nicht nur vom Blackwater Tubing schwärmen, sondern auch vom höchsten Bungee-Jump der Welt: 216 Meter von der Bloukrans-Brücke!

Cape Town & Winelands

Diese beiden gehören einfach zusammen, wobei Kapstadts Highlights wie Cape Point, Chapman's Peak Drive, Hout Bay, Camps Bay sowie Victoria & Alfred Waterfront – der quirlige Publikumsmagnet rund um die beiden Hafenbecken Kapstadts – schon für sich allein sprechen. Zu den Winelands nur so viel: Zwischen 1699 und 1712 residierte Hollands Gouverneur Simon van der Steel auf Groot Constantia, das mit seinem Baujahr 1685 das älteste Weingut Südafrikas ist. Hier wurden schon so frühzeitig gute Weine angebaut, dass diese an den Tafeln europäischer Fürstenhäuser gerne verkostet wurden. Das historische Gutshaus ist heute ein Museum.

Register

Bildnachweis

Die Kirche des Weinguts Montpellier in Tulbagh

Impressum

Verantwortlich: Marianne Huber
Korrektorat: SAW Communications, Anna Ueltgesforth
Layout: graphitecture book & edition
Repro: LUDWIG:media
Kartografie: Astrid Fischer-Leitl
Umschlaggestaltung: Frank Duffek
Herstellung: Miriam Tönnes
Printed in Italy by Printer Trento

Sind Sie mit diesem Titel zufrieden? Dann würden wir uns über Ihre Weiterempfehlung freuen.
Erzählen Sie es im Freundeskreis, berichten Sie Ihrem Buchhändler, oder bewerten Sie bei Onlinekauf.
Und wenn Sie Kritik, Korrekturen Aktualisierungen haben, freuen wir uns über Ihre Nachricht an Bruckmann Verlag, Postfach 40 02 09, D-80702 München oder per E-Mail an lektorat@verlagshaus.de.

Unser komplettes Programm finden Sie unter 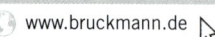 www.bruckmann.de

Alle Angaben dieses Werkes wurden vom Autor sorgfältig recherchiert und auf den aktuellen Stand gebracht sowie vom Verlag geprüft. Für die Richtigkeit der Angaben kann jedoch keine Haftung übernommen werden.

Seite 1: links: Muster im Ndebele-Stil; rechts: Männlicher Löwe
Seite 2/3: Eine blühende Kranz-Aloe am Küstenparadies Wild Coast

Umschlag: Vorderseite v.o.n.u.: Der Tafelberg; Frau vom Stamm der Ndebele; Proteablüte; Elefant; Afrikanischer Strauß; Rückseite: Der Blyde River Canyon

Die Deutsche Nationalbibliothek verzeichnet diese Publikation in der Deutschen Nationalbibliografie; detaillierte bibliografische Daten sind im Internet über http://dnb.d-nb.de abrufbar.

© 2017 Bruckmann Verlag GmbH, München
ISBN 978-3-7343-0827-7